JN439021

김계영 시집

흰 공작새 무희가 되다

김계영 시집

흰 공작새 무희가 되다

초판인쇄 2021년 10월 13일
초판발행 2021년 10월 15일

지은이_ 김계영
발행인_ 이현자
발행처_ 도서출판 현자

등　록_ 제 2-1884호 (1994.12.26)
주　소_ 서울시 중구 수표로 50-1(을지로3가, 4층)
전　화_ (02) 2278-4239
팩　스_ (02) 2278-4286
E-mail_001hyunja@hanmail.net

값 11,000원

ISBN 978-89-94820-65-1　03810

김계영 시집

흰 공작새 무희가 되다

도서출판 연자

시인의 말

내 마음의 실금을 따라가다
안으로 파고든 시어들을 다 채우지 못했어도
나의 뮤즈는 기뻐해주겠지요.
무엇을 느끼고 시에 이르기까지
갈등이 없는 건 아니었습니다.
그것들 모았다가 이제 비우는 행복을
겸손으로 선보이려고 합니다.
그림자에서 빛으로 내보내는 일도
쉬운 일은 아닙니다만
'나는 시이다.' 하면서
아름다운 사람에게 안긴다면
더없는 기쁨이겠습니다.
닫힌 나에서 열린 나로
멀리 나가기를 꿈꾸는 가을입니다.

이별의 순간을 위해
당신을 부르고 싶은 내 목소리가
햇살에 밝아집니다.
도란도란 숨결을 나눈
많은 것들에 감사합니다.
소중한 가족에게 마음 다해 감사합니다.

2021년 가을
김계영

차례

2부_ 미학의 바이러스

3부_ ㅌ의 틈

4부_ 신호등은 불평하지 않아

1부

있는 것과 없는 것

첫날은 어둠의 절정에서 난다

생명의 근원은 어둠에서 난다
어둠 속에서
전율의 씨앗이 경쾌하게 눈을 뜬다

작은 생명의 처음은 광기요 사랑이요 노래다
자궁에서 유영하는 처음에도 행복을 느끼는 능력이 있다
예민한 촉수로
원하는 것을 갖고자 하는 욕구의 능력이 자라고
감각의 열정은 춤을 춘다

반짝이던 생명의 씨앗이 자라나 광명으로 나왔을 때
고독한 우주를 알게 된다
그래서 운다
안개 속의 생이 두려워 운다

가늠할 수 없는 새 생명은 또 하나의 우주다
우주 어디쯤 놓여있는 존재다
달콤 살벌한 세상의 길 위에 방향을 잡아주는 것은 누구의 몫일까

우리 인생의 가장 아름다운 페이지는 언제일까
희극과 비극 사이에서 능청스럽게 묻는다

있는 것과 없는 것

휴대폰 없다
컴퓨터 없다
직업 없다
비만 없다
코드 없다

부끄러움 없다
조심성 없다
두려움 없다
매너 없다

상당히 이율배반적이지만 우리에게 희망은 있다

보통의 우리가 알아야 할 것들
옷을 위한 지구는 없다
빵이 없으면 케이크를 먹으면 되지? 이런, 철없는 말이 없기를

씨앗과 열매의 끝없는 순환 고리 속에서
만물의 흔적은
언제까지
저 햇살 아래 본래대로 깨어날 수가 있을까

AI 지능의 관계망

21세기 세상은 인공지능의 힘으로 뼈대를 강하게 키우고 있다

말초신경부터 나오는 에너지가
너와 나
서로의 경계를 허물고 싶은 건 아닌지

누구나 VIP 대접을 받으려는 욕망으로 부풀어 오르는 세상
불충분한 방어기제로 판은 벌어지고
우리는 영원할 수 없는데

하나인 지구에 어떤 보물지도를 그리려고
기하급수로 판을 키워가고 있는지 궁금하다

AI 지능은 어느 연대기에서 노벨상을 수상할 것인지
시계는 계속 돌고 돌아도
삶의 밝음과 신비로움을 채우는 충만함은 아직 보지 못했다
간섭DNA는 무엇이 궁금하여
영혼의 높이와 넓이를 헤아리려 하는 걸까

가령 우리가 탐내는 아름다운 세상은

끝내 그 길이 아닐 수도 있다는 두려움
다가올 그날 무슨 일이 있을지 상대적으로 커가는 노파심

난, 알 수 없으므로 흥정도 필요 없어

유전자 하나하나가 화음을 이루는 거대한 파이프 오르간
주인은 누굴까

무언가

여러 겹의 음색들은 어떻게 공명을 해서 나올까
열풍을 안은 큰 나무 그늘의 침묵으로
잎새도 숨을 죽이고 있는 날
뺨을 부비던 시간의 그리움은 비늘로 박히는 데

흙속에 허방을 하나 파놓은 듯
아물지 않는 빛진 몸은
아무것도 아닌 벌레로 남아 잉잉거리는 울음소리나 듣고 있다

지상에 내려온 생명들 사랑만 해도 모자랄 텐데
여름 햇살에 사라질 리 없다고 믿는 메마른 몸들은
뭐가 없으면 뭐가 있는 법이라며
미물의 겹을 견디는 사이

무언가
허물 벗는 입술들이 꿈틀거리는 것
풀숲에서 설핏하다
슬프다고 생각한 것도 다시 이어가는 생명줄
높아져가는 소리이며
한갓 꿈이며
남겨진 무늬이며

블루스 2020

언어를 실종한 채 늘어진 하루하루 화려한 탐색은 오히려 오해다

눈먼 자들의 도시*
유령처럼 돌고 도는 불안의 파편들 사방으로 번지네
마스크를 쓴 채
입속말도 감정을 떼어버린 지 한참
층층 포개지던 결핍의 문장들 무거워지고
빈혈 같은 정적은 삶의 공간을 마취시키는데
하룻날 같지 않은 오늘이 언제 왔는가

교만을 꾸짖는 소리가 광선 속에서 빛나가도
나목의 엷은 껍질 사이에선
머무름 없이
한 가닥 줄로 이어가는 희망의 붓 자국
눈을 돌리면
발끝 둘레에 토끼풀 잎새 같은 앙증스러운 기미
고립 속에서도
홀로 웃음 지으며 피어나는 꽃들 겸손하다

*'눈먼 자들의 도시'는 주제 사라마구의 장편소설이다.

미몽을 꿈꾸는 마네킹

화려한 옷을 차려입고 그대로 서 있는 이유를 아시는지요

자초지종을 설명하기에는 그때마다 이유가 있지만
양심도 없고 속도 없어서
항상 미소 짓고 있는 줄 아세요

어떤 때는 향기롭고
어떤 때는 악취가
내 안에서 나오는 것을 아시는지요

입 열고 굳이 말하지는 않지만
받아들임
맡겨드림
두 가지 소명으로 미몽을 꿈꾸지도 못하나요

저에게 운명을 묻지 말아요
팔등신 미모가 죄라면 죄라고요

늙은 호박

카메라에 찍어둔 두 점
시계추 무게만큼 뜨거운 태양을 품었네

저것들
요즘 거리 두기 연습 하나?

대롱대롱
황금 귀걸이 한 쌍

명품이다

금강소나무숲길

시방 비말이 난무하는 안개의 터널을 지나 버스는 새벽을 통과했다

우리를 기다리던 울진 금강소나무숲길은 백두대간을 통과한 오래된 전설의 푸른 지대
유적처럼 숨겨둔 너의 영토를 밟는 순간 내 몸은 가볍다
무심코 들이마신 숲의 바람이거나 금강소나무의 몸이거나
모든 것이 깨끗이 통과하는 순환의 길

그러나 그것만이 전부가 아니지
천년 나무들의 눈빛이 날마다 초록으로 태어난다
본디 제 것이어서 무성한 숲
숲의 맛을 음미한다
이내 웅숭깊게 익어간 이끼의 길을 따라 올라
고갯마루에 버티어 선 대왕송의 우람한 자태와 포옹하다 보면
한때 일렁이던 청춘의 감정 잠재우고
하늘로 유유히 나는 날개
새털구름의 표정과도 마주한다

걸을 수 있음에 이토록 감사한 소나무 숲길에서
우리 땅 어린 아이들의 모습이 겹치는 건 왜?

우리의 길은 아직 멀다
오늘도 진행사항이다

불편한 폐업

ㄱ초등학교 앞 아이들 웃음소리 떠났다
텅 빈 운동장의 큰 나무 침침한 그림자를 길게 뻗는다
딱풀을 사러 갔더니 문구점이 닫혔다

- … 그동안 감사합니다.

문고리에 걸어놓은 인사말이 반겨줄 뿐

우리 집 단골
ㅅ세탁소 아저씨는 성실한 사람이다
세탁물을 찾으러 갔더니

-곧 폐업할 거예요. 겨우 지탱했어요. 고맙습니다.

붉어진 눈빛이 분노가 아니길 기도한다

'산다'는 동사에 온갖 속임이 숨어있는 걸까
떠밀리는 세상살이 아프다
웃고 떠들 일 없는 지루함으로
절룩이는 한 해의 뒷자락이 저물어간다

에코라이프 시작

이상한 것들이 표준이 되어간다기에
바닥에 디딘 발이 덜덜 흔들리기도 한다

하늘은 선하지만은 않은 듯
지구가 아프다는데
차례차례 멀어져가는 이별 앞에서 속수무책 아프다는데

난, 사랑이 너무 깊어 울지도 못하고

소용돌이로 흐르던 미완의 곡선 아래
머뭇거리는 그림자를 거두어두고
두 눈에 말랑한 눈곱을 발라내기 시작해
명상의 음계 둘레에서
맑은 등 하나 켜고
진솔한 파동으로 쓰다듬어보는 귀한 몸

가늠할만한 숨의 결로 새날이 열리기를
맘에 드는 중심 이동
에코라이프 시작이다

풀뿌리 사랑으로

어느 길로 가시겠습니까?

플라스틱 고무 폐타이어 버린 옷가지 폐스티로폼 어망
인도양을 지나 아프리카까지 버려진 가지가지 모아서 전시해놓고
너와 나의 양심을 묻네요

한 곳에선 넘치는 물질에 대해
한 곳에선 모자라는 부족함에 대해
방탕과 만취 근심
우리의 올가미입니다

남이 나를 보살펴주기를 기대하지 말아요
몸이 힘들어도 무시하지 말아요

건강한 아이를 낳고
한 뙈기의 정원을 가꾸고
자주자주 웃으며 살 수 있는 세상을 가꾸기 위하여
어떤 방식으로 사용할 것인가요

미술과 미술 바깥의 경계에서
스스로 무지를 깨우치려는 조각가의 몸부림
그가 죽어서도 보여주는 건
풀뿌리를 쥐고서라도 놓지 않으려는 지구에 대한 큰 사랑이
었습니다

스무 고개 꽃 이름

몸과 마음이 따로 놀기도 하는 날
카톡방에 여릿한 잎이 날리는 붉은 꽃 사진이 올랐다
싱그러운 초록의 이파리 사이에서 고혹적이다
한 사람이
-명자꽃인가?
-치맛자락 한끝 치켜올리며 막 춤을 시작하는 카르멘의 동작 같아.
-정열의 스페인 투우가 연상된다.는 재치에
-요즘은 가을보다 봄이 좋아져.라는 귀띔이 이어지고
-드레스를 입은 여인이 양산을 들고 저 꽃 흐드러진 언덕을 걸어가는 그림.
-아, 양귀비꽃 맞아.
-아마 모네의 그림에서는 바람이 살랑거리지?
-외출은 삼가라니, 다들 집안에서 술이나 담금질하셔.
-찔레꽃은 저대로 피고 지고, 아아아, 봄날은 갔구나.
-식탁에서 달콤한 디저트 유혹하는데?
-어머, BTS의 신곡 'Dynamite'가 펑펑 터진다. 빌보드 차트 1위야.
-리듬에 맞춰 춤추고 노래하고 싶다. 아… 그러고 싶어.

-그냥 따라하고 싶어, 신나지? 보기만 해도 사랑스러워,

-일곱 개 별들아. 너희가 꽃이구나.

-강력하다. 다이너마이트!

-해바라기는 오늘도 진종일 여름을 삼키겠지?

-그래, 세월아… 오늘도 별일 없는 거지?

-비발디의 '사계'가 '가을'을 부르고 있어.

-마지막 고개야, ㅎㅎㅎ

-그거? 화양연화, 맞아. 우리도 가장 좋은 때 있었지.

처음 보는 길처럼

자주 걷는 올림픽 공원은 날마다 처음 옷으로 잘도 갈아입는다
꽃과 나무 잔디 조각품들
여러 방향의 큰길이나 오솔길들은 걷기에 무리가 없다

3개월 째 대구에서 코로나19 진료에 매진하고 있는 의사선생님 조카에게
수고한다는 안부문자를 보내자 염려 말라는 짧은 답
야무지고 선량한 사람인데도 요즘은 날마다 기도를 하게 된다
걷다보니 커다란 엄지손가락 조각 앞에 섰다
단단하면서 숭고한 에너지를 품고 있는 듯
정지에서 솟아나오는 야무진 에너지가 부럽다

방향을 바꿔가다가 땅바닥에 새겨둔 국내 유명가수들의 손바닥과 만났다
요즘 트로트가 대세라는데
인기를 한 몸에 받고 있는 귀하신 가수의 이름이 여럿
시인들이 이렇게 사랑을 받아서 시인공화국일까
여기쯤 시간의 먹이가 되지 않으려 애써본다

공원은 마음까지 푸드덕거리게 하는 길
멈춤이 아닌 지속의 과정을 걷는 길
기도하며 걷기에도 좋은 길이 가까이 있어 고맙다

게임의 함정

종점을 향하여 달리다가
하나만 터뜨려도
자동기억 소재들이 줄줄이 나올 듯하다
싸인 하나로 고개를 끄덕거리며
욕심이 차오르기 전에 버려야 할 상속을 버리기로 다짐했다

사실은 살비듬 털고 일어나
핥고 지나가는 바람의 손을 잡고
머지않아 흩어져갈 붉은 꽃잎을 아픔이라 지우기로 했는데
경고등이 먼저 켜지고 유턴을 받아들여야 했다

마침내 도달할 것 같은 고도의 밤이 깊어 가고
왜 그리운 것들은 발아래서 서성거리는지
그래도, 함정에 빠지긴 싫어

아직 푸른 별은 총총히 뜨지 않으므로
게임은 미완성
그리고
내일은 미래야

미래 캐스터

꿈을 확인하려고 길을 찾으시나요?

입춘을 하루 앞두고
첫 봄꽃이 지상의 한 귀퉁이에 피었다

콩닥거리는 숨을 조절하는 걸음은 점차 빨라지고
반가움에 가까이 가서
뚫어지게 눈을 마주칠 때
어젯밤
꽃 아래 놓아둔 황금빛 호박과 알알이 옥수수는 어디로 갔을까?

순간 눈동자에 걸리는 꽃잎은 동트는 해보다 더 맑았다
희망으로 가는 기상캐스터의 입김으로
오늘은 맑음 햇살을 당겨 보는데
그래도 믿음이 충분하지 않아
인증샷 한 컷이라도 찰칵

손가락은 아직도 떨고 있고
누군가의 해몽은 로또 아니면 불운일까

꿈 풀이는 그저 풍류 재담일 뿐이다

벽화마을이 날개 달다

연탄 두 장을 손에 들고 꼭대기 집에 닿을 때쯤이면
하루야 안녕, 어둑한 방에 들었단다
그땐 세상이 미로였으나
고만고만한 이웃들끼리 다정한 골목이었다지

화사한 배꽃이 피어 이름 붙여진 이화동 언덕배기 동네
아주 익숙한 발자국들은 어디론가 다 불려가고
제 자리 지킨 나무는 푸르게 잎을 키우고 있다
누군가는
슬픔도 절망도 사랑도
추억 여행을 떠났다 말하는데
그 길목에서
구겨진 기억을 훔쳐보겠다고 발길 서두르는 사람들은
통째로 흥정이라도 하려는 듯 시끄럽고

큰 새 한 마리
비상을 꿈꾸는 벽화 앞 포토존에서
뜀뛰기를 잘도 한다
불꽃이며 생명이며 욕망을 찰칵! 찰칵!

그들의 마음을 탁 믿고 절대로 훔치지는 말 일이야

마케팅

무엇이라는 이익을 앞세우고

무엇이라는 열정을 휘두르며

무엇이라는 친절을 거느리고

광고 들고 전진하고 웃음 지으며

우리 문 앞에 오고 있다

구원을 미끼로 지금 오고 있다

행복의 문을 지나는 다정함으로 오고 있다

비등점을 향한 기대감을 정해놓고

마지막 한 걸음 앞에서 결코 물러서지 말자는 기술

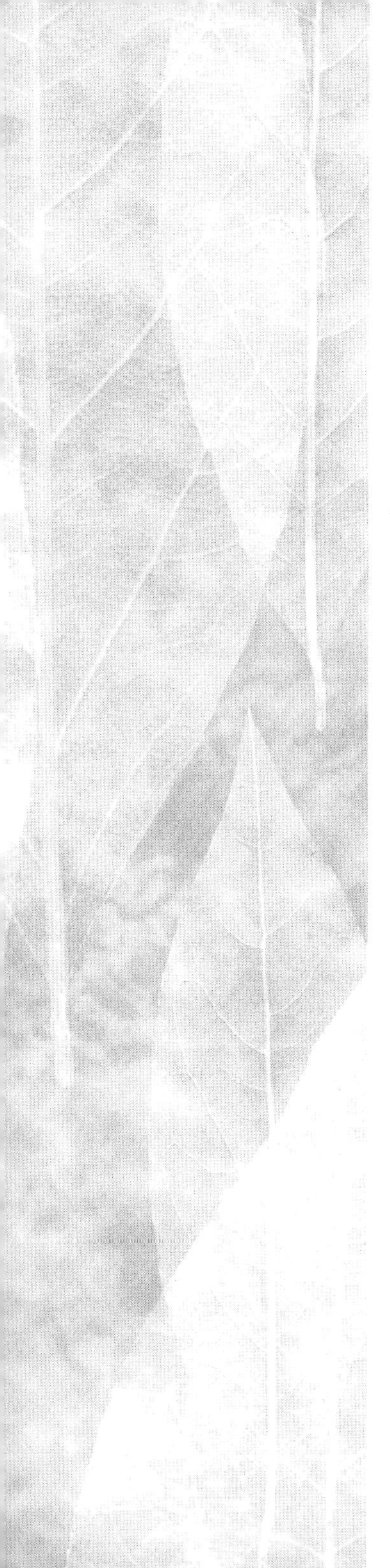

2부

미학의 바이러스

미학의 바이러스

사람의 일이나 세상 돌아가는 일이나 얽히게 되면 갈등이다

갈등으로 생긴 가려움으로 잠을 설치고 일어난 아침
흡, 흡, 흡,
싱그러운 향기를 따라갔다
현관문에서 오십 미터 지점에 연보랏빛 등꽃이 무리지어 피었다
오월의 풍경 속에
다섯 살 적 어린 딸이 겹친다
흰 모자에 연보라색 예쁜 드레스를 입히고 바라만 보아도 행복했었지

파묻힌 그리움이 번져가는 미학의 바이러스여
태평양 지나서 시애틀의 딸네 집 푸른 현관문까지
등꽃향기 전해줄래?
맑아진 정신에 번쩍 드는 생각
아, 오늘이 귀한 사위 생일날이지!

삶이란 예정에 없이 변칙적일 때가 있어
세상에 이름도 모르던 바이러스가 난리인 세상

하루아침에 나라마다 출입을 통제하는 일이 벌어지고
지금은
미물들과의 갈등도 풀어야 한다는 묵언의 말씀

피리의 꿈

오빠가 피리를 부는 건 아픔 때문이 아니다

요트 위에서
제 몸 다 태운 여름 태양은
붉은 석양빛으로 미시간 호수에 스며들고
느리게 움직이는 그림자들 어룽거리던 물기를 내려놓더니
고요한 마당에 모깃불 피우던 향수를 불러 모은다

손때가 묻어 반지르르한 피리
뚫린 구멍마다 울음보다 작았던 심장이 끄는 소리
수십 년
입으로 닦은 소리
가다가 가다가 동서양의 경계를 넘었다
굵고 가늘게 먼 하늘가를 나는 소리
꿈을 목숨에 달고 온 피리가
진양조 가락의 숲을 이루며
이어지다가 끊어지다가 영혼의 연기가 되기도 한다

한여름 밤
꿈의 속살을 문지르다 입술이 더 붉어지고

아무도 모르게
어머니 젖무덤에 안긴 포근한 잠을 흔들어 깨운다

피리소리는 없고
애잔한 핏줄이 남았다
노란 달맞이꽃잎 사이로 하늘 위 노란별도 빛을 포개는
이국의 밤

오빠가 피리를 부는 건 행복 때문이 아니다

그녀의 마지막 화장

한 잎의 귀가 닫힐 때까지, 그녀는 여자이고 싶었을 게다.

그녀의 사진첩을 펴고 시간을 더듬어가다 보면 가장 예쁜 화장을 한 날은 신부였다. 발목이 잡혀 다섯 아이 엄마가 되고 가족의 둥지가 되느라, 화장품을 고를 만큼 여유 있는 시간은 없었겠지.

상큼한 봄꽃으로 피어난 딸아이 순백의 드레스를 입고 결혼하는 날, 고운 화장을 하고 미소 지으며 꽃으로 피고 싶었으나, 한 잎의 무게로 떨어지고 있었으니…

계절이 저만큼 도망가 버릴수록 점점 피부의 진피층은 말라 갔다. 몸에게 빚진 날들을 결국 화장으로도 이겨내지 못했다. 투병이 더해갈수록 화장을 지우듯 지울 것만 넘쳤다. 세상의 일들 지울 것 다 지우고 마지막 화장을 하는 순간, 이미 체온은 사라져 백짓장 같은 얼굴이었다. 분장사의 손길은 갈무리하듯 엄숙하였다. 가족과 고별인사를 나누는 순간에도 맨얼굴보다 예쁘고 싶은 여자의 진정성을 외면하진 않은 듯…

한 잎의 귀가 닫힐 때까지, 그녀는 어머니이고 싶었을 게다.

붉은 립스틱이 삭아 한 송이 난초꽃一蘭으로 피어난 모정의 여신.

세상에서 가장 차고 고운 한 송이 눈부신 꽃을 보았다.

중절모를 쓴 신사

르네 마그리트의 그림을 감상한다. 화가는 세상의 것을 어떤 눈으로 보고, 어떤 의미를 부여하고, 어떤 마음으로 색을 입혔을까? 잠깐 그림 속의 건장한 신사가 쓴 모자를 빌려 머리에 얹어보기도 하는 남자. 구색을 갖춘 것 같긴 한데 모자 아래로 가려진 눈에 웃음이나 울음을 잠시 숨기는 건 아닌지… 신사의 얼굴을 푸른 사과 한 개로 가렸어? 자신의 명함을 가린 거야?

신사의 실상은 자주 흔들리기도 한다. 삶에 대한 지긋한 태도와 마음의 물길이 그림을 웃게도 하고 울게도 하는 것이지. 애매모호하면서 독특한 힘을 내포한 그림이다. 불현듯 한순간에 정지되는 아버지 모습이 떠오른다. 중절모를 쓰고 외출하시는 모습은 한 번의 실수도 용납하지 않을 단정함이었다.

지난날이 그리워지며 가을로 날아가고 싶다. 그건 지금 울음을 털어버리고 싶다는 항전의 태세다. 까만 전시장 안의 그림 사이를 가까스로 빠져나온다.

다시 하늘을 본다. 흰 구름이 여러 모양으로 흐르고 있다. 돌아보는 시간 사이로 눈물이 어린다. 스스로에게 눈물을 닦아주는 수고로움으로 미소가 살짝 스치기도 하고.

눈물과 미소 사이에 평화가 깃드는 위로.
까닭 없는 그날의 프레임이다.

계수나무 사랑

계수나무 새잎들이 돋을 때야
연둣빛 잎이 어린 새 주둥이 모양으로 아주 귀여워
사랑이 숨 쉬는 것 같은 새순 떨림에 나도 떨려

꽃 피는 사월이면
계수나무 꽃 아래 가만히 앉아보고 싶어
솜사탕 향기가 은은하게 스며들지
그 무렵이면
연분홍 미소만으로도 간지러울 때야

단풍이 들면
온몸에 하트 모양 주렁주렁 달려 절정이지
잎과 잎 사이에서 달콤한 향이 저절로 솟아나
여름 날 바래진 허물까지도 단풍잎 코드 속에 스며들어
물든 잎, 잎, 잎
책갈피에 꼭 눌러두었다가
세상에 흘린 말 한 마디씩 적어두지

달빛도 하얀 겨울밤
계피향 은은한 수정과를 맛보며 시를 더듬는 맞춤의 시간

잃어버린 시간에 주목하는 살가운 떨림에 나는 좋아
연향수로 눈송이처럼 퍼지는 소식
고향집 뜰안까지 번지겠지

기쁜 날

신랑은 햇살로 걸어오고
신부는 향기로 걸어오고
비상을 꿈꾸는 한 쌍
어깨 위에 새하얀 빛이 길을 펼친다
하늘도 시간을 멈추고 박수를 친다

젊은 사랑이여
한 남자의 콧대를
한 여자의 눈썹을 보아라
보드라운 입술 청초한 자태를 보아라
가장 눈부신 호명으로 아름답구나

직장 동료로 만나 아기자기 키워온 사랑을
기쁨이라 말하리
축복이라 말하리
이제 행복의 문을 열어 촛불을 밝히리라
가슴을 열어 사랑의 노래를 부르리라

따스한 숨결로 서로에게 행복의 무늬만 찍히게 하여라
소망은 내일에 살아 있으며 진정 사랑할 시간이 많으니

이해와 믿음으로 사랑하여라
이 세상 끝까지 사랑하여라

금빛 웃음 날리며 좋은 날!
사랑이여 가득하여라
축복이여 가득하여라

돌잔치

지구 반대편에 'J 고개 떡'집 간판이 버티고 있다
백설기 붉은 수수경단 송편 대추와 밤 케잌도 고르면서
하늘의 별이 된 할머니 어머니께 안부를 묻듯 갖가지 그리운 떡 냄새를 맡는다

어미 몸에서 나와 탯줄 자르고 삼백예순다섯 날
붉은 피 건강하게 돌고 돌아 뒤뚱뒤뚱 아장걸음 웃음보따리다
어미 마음에다 외할미 마음 속속들이 모아
미국식으로 한국식으로 첫돌 잔칫상 한가득하다
쌀 돈 붓 책 실 마이크 청진기 판사 봉 갖가지 과일에 화려한 케잌까지

외손자 고사리손 어리둥절하기만 하네

첫돌 축하합니다!
Happy Birthday To You!

호기심에 반짝 오색종이를 잡고 이어서 백 불짜리 지폐를 잡자
모두가 환호하며 팡파르!
순간 놀란 옥동자 울음소리 우렁차다

그 시간
바람은 동으로 날고
냉큼 여름 햇살이 무지개다리를 놓기도 하였다

남천 빨래터의 추억

얼음이 녹자마자 옹알거리는 여울물 소리에 봄꽃이 피었다

아낙네들은 함지박에 가득 이고 온 빨래 한보따리를 거침없이 풀었다
꾀죄죄한 이불홑청을 납작한 빨랫돌에 펴놓고 비누를 박박 문지르고
방망이질 소리 높아질 때
박자 맞춰 여인들의 웃음꽃이 무르익었다
흐르는 물살에 찰랑찰랑 흔들어 헹구어낸 광목천이나 겨울 옷가지들
너른 자갈밭에 가득 널어 두면
윤슬같이 반짝이는 풍경이었지
한쪽에선 양잿물 푼 드럼통에 빨래를 푹푹 삶아주는 장사꾼이 바쁘고
다른 한쪽에선 콩나물국밥을 끓여서 파는 장사꾼
엿장수 품바타령 왁자지껄하였지

남천 시냇물에 삶의 땟국물이 씻겨 내려가고
햇살과 바람을 머금은 빨래가 고슬고슬하게 마르던 볕 좋은 봄날

엄마 젖가슴 아래서 달콤한 잠에 빠지던 아기
소소한 기억 한 자락이 아련하게 돋겠지

내 고향 전주천은 지금도 유유히 흐르고 있다

*남천표모는 전주 한벽당과 남천교 부근에서 빨래하는 아낙네들의 모습으로 전주 팔경 중 하나이다.

고등어회

한산섬에서 멀지 않은 남쪽 바다에 가면
고등어 양식을 하는 사촌동생의 삶터가 있다
과수원 댁 고모 아들이 수산대학교를 다녀서 의외였는데
바다의 사나이답게 호탕한 웃음소리 이순신 장군을 닮았다

시퍼런 바다 위에 걸쳐놓은 외나무다리를 걸으며 후들후들
고등어 떼 눈앞에서 은빛 향연을 즐기는 사이
뜰채에 금방 걸린 고놈으로 뚝딱 차린 회 한상 푸짐하다
얼른 초고추장에 찍어 입에 넣어주는데
이게 바로 살아있는 맛이야

젓가락이 바쁘기는
성질 급하다는 고등어보다 빠르다

생전 처음 맛보는 고등어회 맛에 뿅!
입을 트고 마음을 트고 시세도 모르는 맛
그대로 살이 되는 기분이다

밤낮 없이
어촌의 살림을 채우는 파도 소리 술렁이는 밤

바다 향 싱싱하게 배어드는 바닷가 집에서
그 여름 무더위도 잊고
어릴 적 얘기로 날이 샜다

119 구급차

구토를 느낀다고 한다
입술이 파르르 떨리며 눈동자가 흔들린다
왼쪽으로 기울어가는 몸이 중심을 잃어간다

슬픔은 이렇게 방문하는 것일까

119 구급차 사이렌 소리 커간다
가슴이 타들어가는 사이 도착한 응급실은 삼엄하다
긴급한 상황에다 코로나19 검사까지 현상은 오히려 지루하고
의사의 말은 귓가에 스쳐갈 뿐
어두운 협곡에서 허우적거리는 건 보호자도 한가지다
아득한 밤이 멈추어 있는 것 같다
가늘게 떨어지는 링거 수액이 환자의 늘어진 몸을 부축일 때
무기력의 회한으로 망연히 바라보는 눈앞의 시선
'뇌졸중 집중치료실'은 천국과 지옥을 오가는 곡절이 많기도 하다

자정 무렵
영혼과 주고받은 밀거래의 유혹은 차라리 불문율이기를 바랄 뿐

'색즉시공 공즉시색'이라 했지
단풍 든 세상이 새삼 고요해진다

이방인

내 집에 꽃 피거든 오라는 말씀

산 좋고 물 좋은 시골집에서 한지로 등을 만드는 아날로그의 밤
달밤은 휘영청 밝기도 하다

기름 부어 등 밝히던 유년의 시골 할머니 댁이 이랬지
도시에서 온 귀여운 손녀는 금지옥엽
동네 친척 다 모여서 노래하고 춤을 추기도 했던 그때
등불 아래 달빛 아래서 귀여움을 독차지하였다는데

엊그제 지하철 환승역에서 우연히 만난 친척 언니
얼굴은 잊지 않았는데
그때처럼 등불에 기름을 넣어야 곧바로 환해질 듯
서로가 채 익지 않은 답으로
우물쭈물하다가 헤어졌다

봄여름 다 가고 가을도 기울었다

번아웃

양양 휴휴암 앞바다는 조용하다
짠 해초를 주식으로 먹으며 천년을 산다는 거북이
거북이 바위는 태연하게 바다를 차지하고 있네
한세상 길어야 백년이라는데
목숨 줄 태우다 먼저 사라진 사람 영원의 먼 바다에서 다가오네

바다에서 하늘까지의 거리만큼
그리움의 깊이가 익어가는 별꽃 밭
하늘에서 자맥질하다가 바다에서도 유영하는 별빛에 젖은 몸
제 몸 비춰
꽃 피웠던 원시의 시간들을 당겨오고
수평선 끝에서부터 밤이 깊었다

살아있는 자의 숨결을 살며시 훔쳐보는 건가
날마다 찾아왔다 에돌아갔을 너울이 말을 거네
보름을 막 지난 둥근 달은 그림자도 짙은데
밤바다에 떠도는 그리움 속수무책이다

야단법석

사흘 째
뉴스는 종일 수해현장을 보도하고 있습니다
억수로 퍼붓는 빗속에서 비틀거리며 보도하는 기자의 모습이
위태롭습니다
새벽에 물 구경 나갔던 사람이 급류에 사라졌답니다
어부는 판매할 전복이 폐사해 한 번에 망쳤다고 울상입니다
숨 한 번 돌릴 틈이 없었답니다
섬에 사는 친구는 마당에 세워둔 조각품이 산산조각이 났답니다
먼 곳에서도 마음이 뒤숭숭합니다

물난리 불난리
정말 난리도 아니지요
삶은 한 치 앞을 모르는 낭떠러지 허방입니다

날이 새자
태풍 달아나고
하늘이 징하게 푸릅니다

주공아파트 재건축하는 공사현장에서 쏟아져 나오는 근로자들
점심시간이 되었나 봅니다

뉴스 연가

날마다 집값 폭등이다
빙하가 녹고 알래스카도 폭염이다
누가 누구를 죽였다…

벗겨내고 벗겨내어 미약함을 염려할 때까지
일 초의 틈새도 없이 퍼붓는 세상의 일들
이내 어지럼증이 도지는 아침의 뉴스다
맺고 풀 것도 없이 말의 세례
앞다투어 기어오르는 담력으로 뼈가 저리고 서늘하다
하루의 무게로 마음만 시름겨운 한밤의 뉴스까지

덧나서 붉어진 미움을 털어내고
멀리에서나 가까이에서나
누구누구나
이목구비 번뜻한 모습 좀 보이시게

아프리카에서 봉사활동을 하는 의사 오빠는 사진과 소식을 전송해주신다
북한의 의학발전을 위해 묵묵히 일하는 내과의사 친구
기후와 환경을 위해 앞장서서 실천하는 지인이나

작은 연주회를 오늘밤 집에서 펼친다는 아름다운 피아니스트
반평생 갈고 닦은 가야금 연주를 곧 시작한다는 친구
건강한 먹거리로 집밥 걱정을 덜게 해주겠다는 동창 소식도
고맙다

즐거운 소식
꼬리를 무는
살맛나는 세상은 언제일까요

들꽃마루 꽃밭

해가 길어진 유월 오후쯤
석촌 호수 지나 올림픽 공원에 가 보라
젊은 여자 앞에
젊은 남자가 셔터를 누르고 있을 거야
첫사랑의 문법에는 그래도 모자라는 날이겠지

여자의 붉은 입술이 타서 검붉은 입술이 되었는지
남자의 푸른 귓불이 타서 검푸른 귓불이 되었는지
바람개비 떼 돌고 돌며 바라보고 있다

들꽃마루
언덕 아래로 하늘거리는 양귀비꽃, 수레국화 꽃무리 속에
서로서로 위안에 젖은 청춘의 무리들이 애틋하다

그들은 장차 무엇을 꽃피우고 무엇을 잃을까
무모하게 떠나가 버릴 청춘이 아니길
부디 그들 앞에 상처 없기를

행복 설계 팔레트

행복 설계 팔레트에 식상하지 않게 그려보는 그림 있다

반짝이는 선글라스에
Good sign 동글동글
영롱한 색깔로 그리는 사랑의 무늬 아름답다

애지중지 달래고 키워 온 자식들
엄마 생일에 감사하는 사랑의 향기
따뜻이 피우는 순간
사랑이 사랑을 풀무질하는 웃음꽃 핀다

엄마 생일날 가족 축제
웃음으로 한바탕
압권이다

하루살이가 남긴 선물

눈뜨자
생존게임의 무대

평범한 하루의 삶은 죽은 자의 무덤으로 잠들 뿐이거든
머물기를 저주한 긴장의 끈을 팽팽하게 당기자

정말이지
절실할수록
흠집 하나 남기고 싶지 않습니다

눈물겨운 레퀴엠을 준비하고
하루에게 보내는 마지막까지
목줄 건 일생
짧고 굵게 쓴다

-하루를 살아도 살맛나게 살아 봐!

보람의 흔적이 뜨겁다

3부

ㅌ의 틈

흰 공작새 무희가 되다

여행의 안팎

신들의 정원에서 누구를 만날까

무이네에서는 이상한 감정이 없다

나비

ㅌ의 틈

간이역은 빈집

백제 와당

즉석 인터뷰

백령도

보길도 꽃길 사이로

피에로와 조우

산 노래 꽃노래

메밀꽃에서 피는 행복

알혼섬에서 만난 노루

단추는 매력이다

화사한 여가수

흰 공작새 무희가 되다

다리가 지칠 때쯤 공작새 노는 곳에 닿았다
꽃술 모양의 깃털 파르르 떨더니
기다렸다는 듯이
꽁지를 부채 모양으로 활짝 펴고 자태를 뽐내기 한 시간이나
가장 멋진 무희가 되어 펼치는 군무다

어머머, 난생 처음 보는 상상 밖 장면
이즈음, 사력을 다해 암컷에게 구애하는 짓이라니
저것들, 사랑과 질투의 향연 좀 봐
어이구, 온몸으로 사무치는 정열의 몽환이다

발레곡 '백조의 호수'보다 더 멋진 행운을 이렇게 쉽게 잡을 줄이야
오후 네 시
하늘은 흐려지고 곡우비가 쏟아질 듯이 갑자기 바람이 분다

그 너머 꿈속에서
흰 공작새 또 무희가 될지 몰라
너무나 황홀한 그 사랑

여행의 안팎

배출도 때로는 약이 될 수 있다고 했어
여행의 맛은 먼 곳을 향한 감정의 배출이기도 하거든
여행은 틀을 깨는 힘도 있어 떠나야 하지

러시아 자작나무 숲을 거닐던 날도 그랬지
그림엽서 속에서 봤던 하얀 커튼이 바람에 휘날리는 별장의
창가에서
보내지도 않을 연서를 쓰다가
이름을 채 적기도 전에 허물어지듯 지워버리고 말았어

잎새를 흔드는 바람은
어두운 그늘에서 머물다 일어서곤 하였는데
내 살을 훑어서 호수 쪽으로 쓸려가더군
아릿하게 들리던 '기차는 여덟 시에 떠나네'
전혀 다른 세상에서
끙끙대던 오해를 풀었지
울먹이며 뒤엉켰던 눈물의 소중함을 깨닫기도 하였어

그곳은 한낮 고요가 깊기도 하였거든
멀리 행성을 타고 떨어져나간 쉼터였어

신들의 정원에서 누구를 만날까

땅의 깊이를 알지 못하듯이
바다의 깊이를 알지 못하듯이
두 발로 떠다니며 입으로 떠드는 사랑의 깊이를 알지 못합니다
천년이 지나도 헤아리기 어려운 아름다움과 추함의 깊이를 알지 못합니다

오, 삶이여
사랑의 장난으로 흔들지 말아요
기쁨이든 고통이든 그 깊이가 어디쯤일지 알지 못하지만
깊이 간직하고픈 사랑의 빛이 뼛속까지 파고들도록
이분법의 그물을 치지 말고 다만 흔들지도 말아요

홀로 조용히 애원하는 시간에도
사방이 물안개에 싸인 하롱베이의 바다에
섬들은 온화하게 떠 있고
고통까지도 위로하며 감싸는 침묵의 깊이는
층층이 깊어가는 물의 징표를 상관하지 않습니다

너무도 잔잔하여
흐르는 그림자조차 지나온 시간을 엷게 물들이는 바다의 풍경

영혼은 허공으로 올라가는데
먼 울림과 가까운 울림 사이에서 다시 살아나는 치유

신들의 정원이라는 여기
바닷물 위에 맑은 영혼의 길이 있음을 누가 알겠어요

무이네에서는 이상한 감정이 없다

호치민에서 무이네까지 250km
베트남은 시골길에서도
셀 수 없이 많이 다니는 오토바이를 피하려고
차들이 계속 크락션 소리를 내면서 달린다
왕복 2차선을 왔다 갔다 하며 노련한 운전솜씨로 달린다
중앙선이 필요 없을 정도다

목적지까지 가는 동안
둘 사이에 그어있던 굵은 중앙선을 거둔다
언짢은 어제를 소환하는 일 없이
생략할 것은 생략하기도 하면서
서로를 내비게이션 삼아 같이 가는 거야

볼거리 많은 무이네에서도 이색적인 곳
화이트 샌듄과 옐로우 샌듄
초원 한가운데 모래사막이 드넓게 펼쳐진다

눈도 마음도 호사스런 풍경 속에
푸른 스카프를 바람에 날리며 모래 위를 금빛 질주한 날
태양열에 녹아
그만 가로놓인 실금마저 삽시간에 지워졌다

나비

꽃술과 꽃술 더듬다

탈속한 꿈

오색 실루엣

ㅌ의 틈

ㅌ이 눈을 뜨고 마음의 방향을 찾는다
이미 길은 길로 이어져 있음에도
자주 허기지는 그늘의 상념
애욕을 식혀주는 조각말들이 혀끝에서 맴돌기도 하는 날

그리움으로
부끄러움으로
부스스 불안의 낌새가 발아하기도 하지

봄을 재촉하는 바람이
우람한 고목을 부딪치며 곡예를 넘기도 하였어
나무는 귀를 열고 그 소리를 담으려 하네
누군가는 그늘 한 조각 잘라내어
생각주머니를 걸어놓기도 하지

그늘의 안팎으로 틈새를 벌리며 오르는
새순 같은 눈물의 통점
그래
아픈 자리 어루만지는 사랑이기도 하니까

선한 것은 선한 것을 보는 눈망울도 트이는 법
ㅌ이 눈뜨는 은총의 빛살 환하다

간이역은 빈집

하늘이 늘어져 내리는 아침
바쁘던 개찰구엔 하얗게 핀 개망초가 길을 묻고
지나간 북적임은 아무 것도 아님을 말해주듯
비바람에 지친 잡초들만 무성하다

이제는 오후에도 기차가 멈추지 않아
모른 척 속으로만 웃는데
농담을 걸고 장난을 치며 사근거리는 구애
시간은 어디론가 쓸려가고
시골뜨기처럼
손가락이나 만지작거리며 누군가를 기다린다는 건
조용한 복종 같아

기척도 없는 문틈 사이로
마음을 재지 못한 사랑이 간이역을 다독이다가
고속 열차가 유령처럼 휘익 사라질 때도
담백한 여백이 되고 말았어

백제 와당

뜨거웠던 열정의 온도를 내려놓고
세월의 소용돌이를 돌아왔네

잔잔한 석양빛 닮은
와당 무늬
연민의 기억이 뚜렷하구나
시간 도둑이여
영혼 깃든 제 몫의 해답을 이제야 말해주다니

어제인 듯
시간의 여운을 되돌아볼 때
입술 닮은 연꽃문양 아득하여라
농익은 아우라 아득하여라

즉석 인터뷰

길상사를 둘러보던 중 모 방송국의 PD.라며 인터뷰를 하자고 한다

자연스럽고 부드러운 표정으로
눈빛은 되도록 긴장하지 않기
목소리는 상냥하게
아랫배가 튀어나오진 않을까 걱정도 되었으나
질문에 답하는 형식으로 10분 정도 즉석 녹화를 했다

-혹시 방송하셨어요?
-네? 아니요.
젊은 날
방송일이 직업이었던 때가 생각나기도 했으나 아니라고 한 것이다

길거리에서 일반인에게 즉석 인터뷰를 요청하면 물러서거나 떠는 사람이 별로 없다고 한다
마이크 앞에서 자연스럽게 당당하게 애드립을 잘하는 사람들이 많다

뭐든 보고 싶은 대로 골라서 보는 다채널방송시대
이제는 TV. 시청도 한물가는 시대란다
대세는 아무나 할 수 있는 일인방송 시대
유튜버가 꿈이라는 초등생이 많다니까 놀랄 일도 아니긴 하다

자신만의 무기를 시의적절하게 써먹는 지혜를 가진 사람들에게
유튜버는 뜨는 직업이라 하겠다

백령도

하얀 바위들
희롱하는 바다 갈매기의 부채춤이나 보면서
피 냄새 진동하던 시대의 아픔 처연한 섬
그 기억을 더듬으며 산책한다

파도의 순결로 굳어버린 모래입자
사곶 해변을 달려서
세상사 모두 동글동글하게 사는 것을 알게 되는
콩돌 해변을 밟고
누군가는 떠나갈 것이고

그 섬에서
가슴이 뜨거워 남는 사람

가끔은 보드라운 해무의 이불을 둘러쓰고
반쯤 몸을 적신 용트림 바위와 한 몸이 되어
숙명처럼 꿈틀거릴지도 몰라

해당화 진한 향기 마음을 울리고 사라지는 섬
누가 저 섬을 떠날 수 있을까

보길도 꽃길 사이로

그 아침 빗방울의 인연으로 땅끝까지 내달았다
하늘과 바다가 허락해야 갈 수 있는 섬
'어부사시사' 기억을 품고 있는 보물섬에 드디어 내렸다

소문도 없이 탈색된 흔적은 이미 침묵이지만
상처될 것은 파도에 다 씻겨서
올망졸망 검은 몽돌
긴 사랑의 여분으로 남았다

고독을 섬기며 유유자적하던 고산 윤선도 어르신
가문으로 지킨 세월이 영광의 푸름이 되었나
범접하지 못하던 낮은 민초들도 백골이 되어
그저 한 땅에 고요히 잠들었구나

엎드린 지붕들 아래로 바람이 넘나들며
동백꽃이거나 모과꽃으로 피어난 봄날의 이야기
이제 눈 감아도 잘 보이는 세연정 물가에 남겨두고 간다

피에로와 조우

빗속의 여수 항구
밀물이 저녁을 끌고 와 부두 위에 풀어 놓는다
흩어져 날리던 지푸라기 같은 날들이
이렇게 굵어진 밧줄이 되었나

부풀어 오른 생맥주의 흰 거품이 혀를 적시자
실핏줄도 터져 오르고
얼굴도 이름도 몰랐던 사나이 둘은
신화적이기까지 한 서로의 비밀을 알아챘는가
슬픈 눈망울에 몇 번인가 눈물이 맺히더니
덮어뒀던 일기장의 먼지를 털어내고 첫 장을 펴듯이
파도처럼 밀려가며 살아야 했던 사춘기의 기억을
궁색한 변명도 없이 털어 놓는다

풍경화로 그려지는 비의 결례는
비틀거리던 그날의 목마름을 외치게 한다
제대로 족보 꼬인 미완의 여행길에
비야, 오너라… 더, 오너라

카페의 밤은 길어지고
살아온 날을 공감하며 듣는 사이
밤의 항구에 내리는 비는
흩어지는 눈물이다가 웃음이다가
피에로의 부대낌도 씻어 내리는
술판 끝의 웃음판이다

별이 다 뜨고 나서도 마음 밭이 허전했다는 그가
자신의 연대기에 보이지 않던 별도
이제는 미소를 건네 온다며 어깨를 감싼다

산 노래 꽃노래

구월
다시 숲을 걷고 싶은 날이다

물줄기가 쏟아지는 계곡이야말로 최고의 쉼터
하얗고 노랑 물봉선이 가까이 오라고 손짓을 하네
처음 보는 산외가 줄타기하듯 걸려있다 저리도 귀여울까

한발 한발 오르다보면
긴담배풀 관중 꽃며느리밥풀 둥근이질풀 분홍 꽃으로 눈 맞추고
동자꽃이 드문드문 말을 거네
까치고들빼기 마타리는 샛노랗게 피었다

이름도 궁금해 궁궁이 너 참 신기하다 하양 꽃에 빨강열매라니
꽃말이 고결?

어수리 산기름나물꽃은 은하수로 한 땀 한 땀 수를 놓은 건지
구절초야 너를 보니 나도 수놓고 싶구나

개미취 까실쑥부쟁이 고려엉겅퀴 과남풀 산부추 투구꽃
금강초롱아 넌 어쩌자고 고고하게 깊은 곳에 피었니?

내가 좋아하는 보라 꽃들 한창 피어 한 호흡 쉬어가라 한다
호사스러운 이 순간 이보다 더 좋을 수는 없다

코스모스꽃물에 묻힌 몸에서는 나비가 날아가고
동그란 샘물이 퐁퐁 솟아나는 여기는 유장한 한강의 발원지
검룡소다
보기만 해도 너무 좋아
이런 날엔 몸속 가득 태백산 산물이 배어들고 말아

메밀꽃에서 피는 행복

아직도 다 하지 못한 말이 있다면 가슴 시리는 그리움일거야

유리강물 위로 실어 보낸 아라리 아라리 아라리요
목소리 한 가락 몸짓 하나에도
생의 굽이가 묶여있던 강가에
고만고만한 자갈들이 모여서 속닥거리는 곳

어머니는 발가락이 닳아도
물수제비뜨는 아이들 바람 맞으며 걸어온 길가에
메밀꽃이 피고 또 피어 정지 화면으로 떠오르네

마음은 언제나 들꽃 닮은 사람들
동녘 바다의 햇살도 바람도 모두 안고 살더니
봄여름 가을 겨울 꿈꾸는 사랑이여

문고리에 매어 둔 애살맞은 이야기들
가슴마다 꺼내어 흐드러지게 피어라
아라리 아라리 아라리오

알혼섬에서 만난 노루

여기는 알혼섬
바이칼 호수를 건너 사방은 넓고 아득하다

칠월이고 이렛날
오후 세 시
태양이 열기를 내뿜는다
사륜 구동차 우아직이 초원의 길을 달리다 멈췄다
맑은 하늘 아래 들꽃의 족속으로 쪼그린 채 앉았더니
마침 골똘한 눈망울로 바라보는 노루 새끼 귀엽다

칠월 칠석 다음날 태어나
영원 속으로 먼저 간 동생의 눈빛 닮았구나
이 세상 잠시 소풍 왔다간 한 마리 노루였을까
살면서 다 나누지 못한 말 나누고 싶다

그리움을 향하여 몸을 던져도 좋을 영혼들의 땅
짙은 물과 하늘이 전부인 여기는
태초의 숨들이 왔다갔다 절벽을 맴돌고 있고
나는
노을빛 넓고 넓은 호수에 나가
독주를 마시며 신화 속에 빠져본다

단추는 매력이다

옷이 완성됐으니 말이지
작아도 고것, 하나가 얼마나 대단한 것이오

하늘의 별 부스러기를 찾아왔는가
조개에 박힌 진주알을 찾아왔는가

정말로 꼭 있어야 할 것은
꼭 있어야 할 자리에 붙어 있어야
가치가 더 올라간다는 말이오

꿈틀거리던 혼란도 가라앉히고
미결로 숨겨둔 문제 하나 해결한 기분이 뭔지 알겠지요

바람의 사유도 껴안을 수 있는 옷매무새 마무리가 멋져요
화룡점정
거부할 수 없는 고것, 귀엽고 영롱한 매력이라오

화사한 여가수

십 대 아이들의 화장은 아름다운 공포다.

유행에 다투어서 따라가는 아이들의 시간 낭비와 돈 낭비. 게다가 일찍 노화할 수도 있는 피부라서 고민하는 엄마들이 늘었다. 화장품 가게에서 신나게 색조화장품을 고르는 청소년들을 보며 씁쓸한 적이 있다.

날씬한 몸매에 하얀 피부 서구적인 얼굴에다 화장을 곱게 한 꽃미남 꽃미녀를 요구하는 요즘 기준이 문제일까?

-세상이 말하는 기준에 맞지 않는다면, 내가 세상의 기준이 되어야겠다.

'화사의 마마무'라는 콘서트 장에서 한 말은 기분 좋았다. 개성 넘치는 그녀가 'Maria'를 부르며 춤출 때 나는 덩달아서 웃었다.

그녀가 뿌리는 반사광은 말릴 수 없지. 그녀는 멋지다.

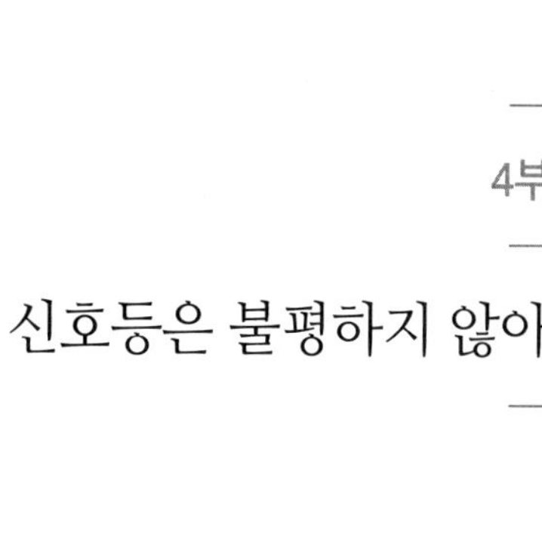

4부

신호등은 불평하지 않아

늦추기

가만히 느려지는 햇살 앞에
마음 눕히고 몸 눕히고 싶다
잔물결 일으키는 바람의 표면에 푸른 살결 문지르며
가까이 있는 사람에게 쉬운 말을 해본다

하루를 느리게 통과하고 있는 시간들

더 간절한 고립의 시간을 견디는 겨울바람아
침묵의 경계를 들락거리며 어깨를 흔드는 숱한 사랑아
춥다는 것은 천천히 피어나는 일이다
너는 아니, 얼어버린 마음 눈치채고
숨어서 우는 씨앗의 눈물을
하룻밤 풋사랑 같은 겨울의 몸살을 너는 아니

깊고 깊은
불면의 시간은 자정부터 느리다

어깨를 흔드는 겨울 양떼들아
주변을 빙빙 돌며 적막의 껍질을 부수는 서늘한 말씀을

몇 번이나 굴절된 환희의 말씀을
들은 적이 있니

가시덤불 헤치며 세상에서 가장 늦게
씨 뿌리는 사람아

ㄹ은 직진이 아니다

뒷머리에 ㄹ무늬를 독특하게 꾸민 남자가 내 앞에서 걷는다
어떤 생각으로 저런 헤어스타일을 했을까

날렵한 직선 길은 강하여 좀 위험하고
완만한 곡선 길은 자연스러워 걷기도 편하다
ㄹ의 행로는
뱀이 기어간 자리 같아
꿈틀거리며 품은 이야기 많아 흥미롭다
장편영화를 본 것처럼
술렁이는 시간이 흐르고 고즈넉한 시간이 머물기도 하고

생각의 꼬리를 물고 걷는 사이
직선을 지나고 사선을 지나서 ㄹ자 길로 통한다
산마루로 이르는 길에는 ㄹ자 길이 많아
하늘의 것을 뿌리로 내리는 햇살도 때로는 굴절을 한다

삶은
에움길이나 후밋길 같이 굽어진 ㄹ자 고갯길
ㄹ의 여정 속에 가리어진 묵시록이다

수상한 시간

그때에도
그 이전에도
끝내
묵비권으로 답한다

속셈을 모르겠네

세상살이
입이 마르는 일

한 순간도
감정의 사치를 맛볼 수 없는 오류다

터키에서는 자꾸만 목이 길어집니다

서쪽으로 이끄는 달에 온몸이 딸려가다 여기에 닿았습니다
카파도키아 흥미로움에 빠져 간밤을 설쳐야 했고
마음은 조마조마
새벽 어스름한 하늘문의 문틈을 열고 열기구가 떠오릅니다

자꾸만 목이 길어집니다
떠오르는 해는 한순간이니까요

수없이 떠오른 열기구들로 마법의 하늘이 펼쳐지고 있어요
아래의 장관을 내려다보는 맛도 정말 이색적이에요
비타민 같은 기막힌 한순간입니다

사랑한다고
그러나 영원히 사랑할 수는 없다지요
하지만 우리는 지상에서의 사랑을 몽실몽실 이야기할 때입니다
목을 길게 늘이고
가늠할 수 없는 세상의 안부에 오늘은 답을 해야겠습니다

갈피갈피 시간의 속셈이여
쿠오바디스

겨우살이

아무도 몰래 파노라마를 펼쳐보면
허물이 숨겨놓은 비밀스런 기생목
겨울 추위에도
겨우겨우 호흡과 생명을 부지할 수 있음에
눈이 멀어

어디 저것이 사람의 일인가

천년의 세월을 펼쳤다 접었다
어루만지고 지나가는 바람이 키워온 높은 나뭇가지 위
푸른 향기의 반짝임
위태롭기까지 한 겨우살이의 접속은
떠난 시간의 아쉬운 선물인지

가느다란 눈발은 나뭇가지를 적시고
고목에 맺는 바람소리를 귀로도 혀로도 느끼며
오래 붙들고 싶은 혼에게
푸른 순을 또 키우라 부탁한다

열정과 냉정

-그때, 신참 장교였던 우리는 샘솟는 기쁨의 얼굴이었다.고 쓴 일기를 보았다
우리는 불같다가 얼음 같다가 뜨거웠다가 냉정하기도 하였다

보라! 보라! 보라!
한평생 잊을 수 없는 이름 ROTC 15기

온몸 땀방울의 기억을 초록빛 취만옥 반지에 간직하고
진실로 사랑하고 사랑한 내 나라의 비밀을 마흔 겹으로 새기고
혹은 기억에 남는 그리움마저 마흔 겹으로 교차했다는 사실
-우리는 나라 사랑의 남다른 운명을 선택했으며 남다른 운명을 개척했다.고 적어두었던 날이 있다.

자랑스러운 대한민국 ROTC 15기 동기생들이여
청춘의 뜨거운 심장이었던 우리
이제 고즈넉한 얼굴이 되어 여기에 함께 섰다

너와 나를 이해한다고
우리는 영원한 민족의 영광이라고
참, 멋있게 당당하게 말할 수 있다고

우리의 징표를 오늘 일기에 쓰고 싶다

보라! 보라! 보라!
한평생 잊을 수 없는 이름 ROTC 15기여

*ROTC 15기 임관 40주년 기념 축시

골다공증

언저리엔 아무 것도 없으나
남루한 숨소리에도 구멍이 생기는 사이
저공비행을 하던 아픔이거나
무지개 떠오르던 오후의 연서이거나
내 안의 나이테
헐거운 옹이가 되고 만 것이지

약해진 연골의 재생 운동을 서두를 때야

밤새 몸서리치던 자리에 서리가 내리는 새벽
사각거리는 소리로 다가오는 시의 파편들을 어루만져본다

시와 나 사이의 거리만큼이나
끝날 듯 끝나지 않을 듯 팬데믹은 길어지고 있다

무엇이든 메우려면
하루 이틀 공을 들여서는 어림도 없을 거야

그들의 사랑

한 점 그늘도 없는
사랑의 절정

엿보는 줄도 모르고 삼매경이군
21세기 한 쌍의 프렌치 키스
머물 수 없는 순간

분홍 잠에 안기는 나비의 꿈
꽃처럼 미소가 번지네

잊지 마
청춘이여

매미

한여름 공기를 썰 듯이
햇볕을 쪼아대며 미친듯이
높은 소리로 울어대는
그들만의 의식은 현재 진행형 도발적이다

진초록 잎맥의 냄새를 기억하는지
마지막 할 말 다하겠다는 건지
목숨 걸고
흙속의 피까지 다 토해내는 건지

무늿결 같이 곱디고운 겉옷만 남겨두고
한칼에 사라진 너

요절하고만 너도 슬픈 운명이라 어쩔 수 없군

유토피아를 찾는 여자

하늘 아래에 풀어내야 할 것들 많아
기록된 세계 지도를 암송하고
꽃등을 타듯이
그녀의 동경이 함께 타고 올라 무지개 너머 꽃을 피운다
숲과 바다와 사막과 폭포를 누비며
새로운 점화를 꿈꾸는 그녀는 빛나는 여자

끝없이 비어있는 하늘의 여백에 팔 벌린 성자
아래를 보고 높이 서 계신다

와락 쏟아지는 폭포수 겁난다
겁도 깨지고 부서지면
햇빛이 되고 공기가 되고 물이 되고 바다가 된다는데
그녀는 멋진 여자
우주발사체보다 더 뜨거워 가끔 고독을 명중시킨다
그녀가 뿜어내는 향기
대양을 건너 환한 미소로 온다

그녀, 서 있는 자리는 어디라도 열꽃을 피운다

사랑 하나로 서로를 물들이며

연어가 돌아오듯이 재경 영란인 한곳에 돌아와
사랑의 둥지 비로소 빗장 여는 날
단발머리에 백선 전주여고생처럼
싱그럽고 아름답게 달아올랐네

우리의 인연을 끊을 수 없으니
은빛머리 맵시 있게 모여앉아 추억을 꺼내어
숨길 수 없는 나이테의 갈증을 풀어보자고
따뜻한 우정으로 서로를 물들이며
내일을 희망의 구슬로 꿰어보자고

오래오래 잔광이 눈부시도록 문양을 새겨도 좋을 여기
어떤 이야기도 사랑스럽게 느껴질 테니
기쁨이거나 사랑이거나 소망하는 노래 부르며
비상을 꿈꾸어도 좋으리

연어가 돌아오듯이 우리도 돌아와
서울 한복판 꿈의 안식처 오롯이 둥지 틀었네
가을꽃 향기 속에서 얼마나 감격스러운 축복인가

재경 영란인이여
오래오래 행복하소서

*재경 전주여고 총동창회 동창회관 개관 현판식에 붙여

치유의 패턴

아픔으로
정서의 파장이 요동치는 때
반복되는 아픔으로
아름다운 빛과 색이 열어질 때
절망의 늪으로 빠져들 때
독한 약을 찾습니다

입술에 바른 진홍색이 뚝뚝 떨어질 듯
독하디 독한 한 알의 약
서릿발을 기다릴 틈도 없이
서둘러 삼킬 수도 있는 한 알의 약
적나라한 이력의 진혼곡을 아픔이라 여길 때
아픈 운명을 들이마시듯이
독한 약을 찾습니다

어쩌다
부당한 약이라 항변하는 사람이 다가온다 해도
중대한 착오나 실수가 아니었다며
약한 본성을 한 번에 무너뜨리는

초강력의 독한 약일뿐이라고
산화되기 쉬운 마음의 병이 더 문제일 거라고

식별하는 말들 홍수로 떠돌지만
아픔의 극한에서 치유의 독한 약을 찾습니다
가장 슬프고 가장 아름다운 명약을 찾습니다

난기류

온통 우울한 탈레반의 포성 소리 부산하고
죽음을 밟고 오가는 어두운 세상 소식 어지럽다
무지한 세상에 짓밟혀 부스러지는
꽃 같은 여자들

먹고 먹히는 세상사라지만
놀랍구나
저쪽 난기류가 밤을 몰고 온다

황금빛
추억의 몸짓으로 직조된 태피스트리
잔주름 하나도
지울 수 없는 은근한 정열로
소용돌이치는 꿈의 무늬를 밟으며
그들의 평화를 위해 기도한다

신호등은 불평하지 않아

가다보면
노란 신호등 앞에서 헉헉대며 쉬는 때 있지

쓸려가는 승용차들이 즐비한 대로에서
제 안의 소리들이 엉겨 붙은 채
쓰나미 같은 약속을 더듬거리며
한동안 서성이다가

묵혀둔 약속을 잠시 잊은 채
인상은 바꾸지 않고 인사를 건네는 식의
자연스런 변화를 눈치챌 수도 없는 짧은 사이
보행섬에 서서
다음 신호를 기다리는데

쳐다보는 것과 바라보는 것의 차이를 생각할 틈도 없이
푸른 신호등은
게임의 규칙처럼 새로운 출발의 신호를 보내주고
어깨를 스치듯 지나가는 사람들 틈으로
여전히 바쁜 도시의 한낮은 불타고 있다

모노드라마

여기까지
여기까지가
몸살을 겪는 날이었다

미세한 실핏줄까지 들여다 본
광선의 기록조차
남기기 꺼려한 것이 이유라면

지탱하기 힘든 마른 척수로 지탱하며
오래 버석거려
모래시계 같은 시간이었다

그것까지
그것까지가
그을 수 없는 한계선이었다

그래도
다시
'백년의 고독*이란 이름의 우주선에 오를 채비를 서두를 일이다

*가브리엘 가르시아 마르케스의 대서사시이다.

한글이여 빛나라

'ㄱ'으로 시작하는 한글 자모 세종대왕 이전에는 없었다
가장 아름다운 우리의 자랑 우리 글

날개 단 나비처럼 벌처럼 자음과 모음 짝지어 날아올라
누구를 위하여 종을 울릴까

대륙과 대양과 원시림 사이를 넘으며
동서남북으로 뉴스는 신화가 아니다

라이벌도 없어 로망스보다 더한 로맨틱 러브

문자로 말할 수 있는 텍스트는 뜨겁다
문득
마음의 중심이 이끄는 대로 발화하는 꿈

불꽃으로 살아나는 용기 불가능은 없다
백성을 가르치는 바른 소리 '훈민정음'은 부활의 연속이다

사랑스러운 애인이여
소리와 시간과 음악으로 말하리

생명의 기운을 온 세상에 퍼뜨려 주소서

아, 어떤 언어로도 더 이상의 신화를 짓지는 못하리라
우리의 혼 우리의 자랑 디지털문자로도 잘 어울리니 얼마나 좋은가
음성공학적 문자라서 얼마나 이상적인가

자연에 대해 자유에 대해 존재에 대해
지상에 바치는 지혜로운 찬가

착한 천사여, 위대한 한글을 보아라. 세계의 갈채 속에 2021년에는 치맥, 먹방, K-드라마 등 한국 말 스물여섯 단어 옥스퍼드 사전에 등재되었지 않은가.
치장도 없이 춤추며 대박! 이제 우리 문화가 세계의 첨단이다.

키스로 화답하는 자음과 모음의 숨결 하늘 땅 사람 사이 조화로운 뭇뭇의 전율이야

타임머신을 타고 올라 탐욕스런 세상을 어루만져도 좋아라

평화는 세상의 염원
평화의 노래여 세상의 노래여 울려 퍼져라

한글은 행복으로 가는 우리의 희망 우리의 보물 세상을
이끄는 힘
'ㅎ'으로 끝나는 한글 자모 참뜻 헤아려 다시 쓰고 말한다
햐, 활짝 피어라 한글이여 빛나라 한글이여

김계영 시집

흰 공작새 무희가 되다

무희가 된 공작새를 바라보는 시인의 섬세한 결

-『흰 공작새 무희가 되다』 출간에 즈음하여

이성림(문학박사·명지대학 명예교수)

김계영 시인은 전북 전주 출생으로 1998년 계간 『포스트모던』으로 등단하였으며 전주MBC 아나운서를 역임하고 교육학, 국문학, 국립고궁박물관 도슨트 등 다양한 공부를 해 오신 분이십니다.

2017년 제1시집 『시간의 무늬』를 간행, 이번에 제2시집 『흰 공작새 무희가 되다』라는 풍요롭고 속 깊은 시집을 펼쳐 내고 있습니다.

이번 시집 발간에 대한 의의를 서문에서 '닫힌 나에서 열린 나로 멀리 나가기를 꿈꾸는 가을입니다'라고 적고 있습니다. 시 전편을 읽어 보면 이미 시인은 시인의 말을 실천하고 있다는 결과물을 독자들 앞에 펼쳐 놓고 있음을 알 수 있습니다.

온 우주 만물의 이치가 춘생·하장·추수·동장春生·夏長·秋收·冬藏의 과정을 겪지 않고는 무엇인가가 될 수 없습니다. 봄에 씨를 뿌려 가꾸고, 여름에 무성히 잘 자라게 하도록 정성을 다하여 키웁니다. 그리하여 추수의 계절 가을에 거두는 보람을 만끽하게 됩니다. 그런

다음 겨울에 다시 잘 저장하여 다시 다음 해 봄을 준비해 나가게 되는 것이 세상 만물의 순환구조입니다. 그렇듯이 시인은 이번 시집을 통하여 추수하고 다시 꿈꾸어나가고자 하는 시인의 평소 뜻하는 바를 잘 지향하고 있음을 알 수 있습니다.

시인의 다양한 관심사가 시적인 언어로 표출된 전체 67편의 잘 여물어진 작품들의 세계관을 아래 8가지 주제로 나누어 살펴보도록 하겠습니다.

자연을 으뜸에 두다

말 없는 자연의 이치를 시인은 섬세하게 관찰하고 있습니다.

시는 언어의 유기적 구조임을 잘 알 수 있는 편편들입니다. 유기체적 언어 감각의 구조가 시인이 즐겨 찾아 사용하는 자연 언어를 구사함으로써 관계의 끈을 표출시켜 보여주고 있습니다. 작품에 나타난 시인의 자연 언어를 살펴보면 얼마나 풍요롭게 자연에 대한 깊은 관심과 생활 속에 스며들어 있는지를 짐작하게 합니다.

씨앗, 흙, 햇살, 숲, 꽃, 호박, 새털구름, 나무, 숲길, 하늘, 길, 이끼, 안개, 풀뿌리, 이파리, 찔레꽃, 명자꽃, 금강소나무, 별, 옥수수, 배꽃, 등꽃, 난초꽃, 구름, 계수나무, 잎, 봄꽃, 햇살, 시냇물, 볕, 산, 물, 봄, 여름, 가을, 겨울, 양귀비꽃, 수레국화, 꽃밭, 들꽃마루, 꽃술, 땅, 자작나무, 잎새, 나비, 빛살, 연꽃문양, 콩돌, 해당화, 바위, 섬, 해변, 모래, 빗방울, 동백꽃, 모과꽃, 바다, 메밀꽃, 자갈, 물줄기, 동자꽃, 까치고들빼기, 마타리, 산기름나물꽃, 은하수, 개미취, 까실쑥부쟁이, 고리 엉겅퀴, 과남풀, 산부추, 투구꽃, 구절초, 코스모스, 꽃며느리밥풀, 둥근이질풀, 노을빛, 호수, 바람, 가시덤불, 에움길, 후밋길, 고갯길, 새벽, 눈발, 고목, 무지개, 잎맥, 사막, 폭포, 등등의 자연 언어는 끝도 없이 나열되고 있습니다.

아는 만큼 볼 수 있고 아는 만큼 쓸 수 있습니다. 적어 놓고 보니 자연 언어의 구사가 대단하고 화려한 사실을 알 수 있습니다. 시의 제목으로도 많이 쓰이고 작품 속에도 매우 자연스럽게 스며들고 있음을 알 수 있습니다. 더 나아가 일반적으로 알려지지 않은 명칭들도 많습니다. 실로 다양한, 헤아릴 수 없는 자연 언어가 풍요롭게 등장하고 있습니다. 마치 식물이나 화초 사전을 찾아봐야만 알 수 있는 듯한 이름도 많이 등장하여 작품성을 배가시켜 주고 있습니다. 실질적인 시인의 지식이기도 합니다.

꽃술과 꽃술 더듬다// 탈속한 꿈// 오색 실루엣

「나비」 전문

3연 3행의 단시 형태 속에 많은 내용을 함축적으로, 인상적으로 잘 표현하고 있는 시입니다. 자연 생태와 현상을 시적 이미저리로 승화시켜 놓아 한층 더 높은 창작의식을 감추인 듯 보여주고자 합니다. 그러나 눈 밝은 독자들은 시인의 깊은 관찰력을 동반한 묘사의 힘을 찾아내실 수 있을 것입니다.

하늘하늘한 엷은 결의 나비 율동을 상상하게 합니다. 꽃술을 더듬는 행위를 거쳐야만, 허울과 탈을 벗어 던지게 되어 끝내는 오색

빛 영롱한 완결의 모습을 갖출 수 있게 되는 것입니다. 눈으로 보이는 나비의 모습은 그러한 과정을 몸서리치게 겪지 않고서는 아름다움을 뽐낼 수 없습니다. 우리의 눈으로 표출되기 이전의 신음 과정을 시인은 놓치지 않고 있습니다. 그것은 다름 아닌 시인만의 감성인 것입니다. 자연의 생리를 즉물적으로 잘 보여 주고 있는 수작秀作입니다.

> 시방 비말이 난무하는 안개의 터널을 지나 버스는 새벽을 통과했다// 우리를 기다리던 울진 금강소나무숲길은 백두대간을 통과한 오래된 전설의 푸른 지대/ 유적처럼 숨겨둔 너의 영토를 밟는 순간 내 몸은 가볍다/ 무심코 들이마신 숲의 바람이거나 금강소나무의 몸이거나/ 모든 것이 깨끗이 통과하는 순환의 길//…/ 천년 나무들의 눈빛이 날마다 초록으로 태어난다/ 본디 제 것이어서 무성한 숲/ 숲의 맛을 음미한다/ 이내 웅숭깊게 익어간 이끼의 길을 따라 올라//…// 걸을 수 있음에 이토록 감사한 소나무숲길에서/ 우리 땅 어린 아이들의 모습이 겹치는 건 왜?// 우리의 길은 아직 멀다/ 오늘도 진행 사항이다
>
> 「금강소나무숲길」 중에서

시의 스케일이 이리 큰 울림을 담아 낼 수 있다는 것이 경이롭습니다. 누구나 울진에 있는 '금강소나무숲길'을 갈 수 있고 이미 다녀오신 분도 있을 것입니다. 그러나 이 정도 감성의 폭을 건져 올리기란 쉽지 않음을 직감直感하실 수 있을 것입니다. 금강소나무를 통하여 오랜 역사의식과 현재를 이어주고 있는, 날마다 초록 잎으

로 태어나고 있는 영속성의 신비감이 놀랍습니다. 그러면서 미래 세대를 염려하는 시인의 광폭廣幅적인 사유의 전개에 놀라움을 표합니다.

아울러 자신을 다스리는 데도 아주 고차원적으로 표현하고 있습니다. '고갯마루에 버티어 선 대왕송의 우람한 자태와 포옹하다 보면/한때 일렁이던 청춘의 감정 잠재우고/하늘로 유유히 나는 날개/새털구름의 표정과도 마주한다'는 행간에서 오히려 독자들은 감추었던, 잠재웠던 청춘 감정을 새삼 다시 불러일으키게 하는 묘한 살비듬을 돋게 합니다. 그것이 바로 시인의 소명 의식으로 작용하고 있습니다. 마치 "나의 감정 속으로 들어오십시오, 초대합니다, 함께 느껴 보실까요"라고 정중하고도 뜨겁고 느껍게 하는 순간, 이내 다스리지 않으면 살아갈 수 없는 현실임을 다시 직시하게 만듭니다. 그러면서 끝내는 자연 언어로 치유하게 하십니다. 유유히 나는 새털구름의 표정 속으로 살포시 날개 접게 만드는, 만유를 다스리고자 하는 시인의 감성에 동감하게 됩니다.

> 계수나무 새잎들이 돋을 때야/ 연둣빛 잎이 어린 새 주둥이 모양으로 아주 귀여워/ 사랑이 숨 쉬는 것 같은 새순 떨림에 나도 떨려// 꽃 피는 사월이면/ 계수나무 꽃 아래 가만히 앉아보고 싶어/ 솜사탕 향기가 은은하게 스며들지/ 그 무렵이면/ 연분홍 미소만으로도 간지러울 때야// 단풍이 들면/ 온몸에 하트 모양 주렁주렁 달려 절정이지/ 잎과 잎 사이에서 달콤한 향이 저절로 솟아나/ 여름 날 바래진 허물까지도 단풍잎 코드 속에 스며들어/ 물든 잎, 잎, 잎/ 책갈피에 꼭 눌러두었다가/ 세상에 흘린 말 한

마디씩 적어두지// 달빛도 하얀 겨울밤/ 계피향 은은한 수정과를 맛보며 시를 더듬는 맞춤의 시간/ 잃어버린 시간에 주목하는 살가운 떨림에 나는 좋아/ 연향수로 눈송이처럼 퍼지는 소식/ 고향집 뜰안까지 번지겠지

「계수나무 사랑」 전문

사계四季의 진행 과정이 계수나무에 빗대어 이렇게 잘 그려내기가 수월하지 않음을 작가들은 잘 알고 있습니다. 그런데 김 시인은 마치 눈감으면 떠오르는 계절적 풍광을 아주 감미롭고 섬세한 관찰력으로 잘 묘사해 내고 있습니다. 시를 읽는 독자들은 누구라도 '계수나무 사랑'에 표출된 사랑을 사랑하지 않을 수 없게 만드십니다. 순리적인 자연 과정, 원형이정元亨利貞을 너무도 쉽게 잘 풀어놓고 있습니다. 마치 때를 기다려서 다음 동작을 기다리는, 대시이동待時移動의 이치를 잘 구현하고 있습니다.

한산섬에서 멀지 않은 남쪽 바다에 가면/ 고등어 양식을 하는 사촌동생의 삶터가 있다/...//시퍼런 바다 위에 걸쳐놓은 외나무다리를 걸으며 후들후들/ 고등어 떼 눈앞에서 은빛 향연을 즐기는 사이/ 뜰채에 금방 걸린 고놈으로 뚝딱 차린 회 한상 푸짐하다/ 얼른 초고추장에 찍어 입에 넣어주는데/ 이게 바로 살아있는 맛이야/ ...// 밤낮 없이/ 어촌의 살림을 채우는 파도 소리 술렁이는 밤/ 바다 향 싱싱하게 배어드는 바닷가 집에서/ 그 여름 무더위도 잊고/ 어릴 적 얘기로 날이 샜다

「고등어회」 중에서

자연은 대지에만 있는 것은 아닙니다. 검푸른 바다의 삶도 기실 자연의 일부분입니다. 수산대학을 나온 사촌 동생의 일터인 한산섬에서 생업으로 자리 잡은 고등어잡이의 생활을 시로 보여주고 있습니다. 시인의 관심사는 대지에만 국한되어 있는 것이 아님을 다양하게 보여주고 있습니다. 현장 중계하듯, 현장에서 잡은 고등회 회를 먹는 젓가락질이 어느 때보다 빠르다는 즉물卽物적인 면모도 감추지 않습니다. 아울러 그 옛날의 전설을 생각나게 하는 옛이야기로 밤을 새웠다는 것에서 참으로 정감을 곁들인 서정적인 작품임에 틀림없습니다.

> 내 집에 꽃 피거든 오라는 말씀// 산 좋고 물 좋은 시골집에서 한지로 등을 만드는 아날로그의 밤/ 달밤은 휘영청 밝기도 하다// 기름 부어 등 밝히던 유년의 시골 할머니 댁이 이랬지/ 도시에서 온 귀여운 손녀는 금지옥엽/ …// 봄여름 다 가고 가을도 기울었다
>
> 「이방인」 중에서

아날로그 시대가 그립기는 매한가지입니다. 산 좋고 물 좋은 자연 그 자체의 환경을 고스란히 간직하고 있는 시골집 풍광이 작품 속에 스며들어 있습니다. 거기에 한지 등을 밝히듯 달빛 휘영청한 자연 묘사가 돋보입니다. 그러나 이제는 어쩔 수 없이 그 옛날의 도시에서 온 금지옥엽 같던 손녀는 이방인 신세로 떠돌다가 그리움의 정서를 풀어놓고 회고의 시점으로 돌아보게 하고 있습니다. 도회의 거친 삶 가운데 고향 마을의 자연 속에서 뛰놀던 정서는 잃지 않고 있었음을 입증하고 있습니다.

이 밖에도 '들꽃마루/ 언덕 아래로 하늘거리는 양귀비꽃, 수레국화 꽃무리 속에/ 서로서로 위안에 젖은 청춘의 무리들이 애틋하다'라고 노래한 「들꽃마루 꽃밭」, '하늘이 늘어져 내리는 아침/ 바쁘던 개찰구엔 하얗게 핀 개망초가 길을 묻고/ 지나간 북적임은 아무 것도 아님을 말해주듯/ 비바람에 지친 잡초들만 무성하다'라고 노래한 「간이역은 빈집」, '해당화 진한 향기 마음을 울리고 사라지는 섬/ 누가 저 섬을 떠날 수 있을까'라고 노래한 「백령도」, '엎드린 지붕들 아래로 바람이 넘나들며/ 동백꽃이거나 모과꽃으로 피어난 봄날의 이야기/ 이제 눈 감아도 잘 보이는 세연정 물가에 남겨두고 간다'라고 노래한 「보길도 꽃길 사이로」, '문고리에 매어 둔 애살맞은 이야기들/ 가슴마다 꺼내어 흐드러지게 피어라/ 아라리 아라리 아라리오'라고 노래한 「메밀꽃에서 피는 행복」, '코스모스꽃물에 묻힌 몸에서는 나비가 날아가고/ 동그란 샘물이 퐁퐁 솟아나는 여기는 유장한 한강의 발원지 검룡소다/ 보기만 해도 너무 좋아/ 이런 날엔 몸속 가득 태백산 산물이 배어들고 말아'라고 노래한 「산노래 꽃노래」 등이 자연 풍광과 자연 언어로 인간 삶을 대변하듯이 잘 묘사되고 있음을 알 수 있습니다.

진정한 의미의 추억 부자

돈이 많은 사람이 부자입니까라는 명제 앞에 섰을 때 시인은 추억이 많은 사람이 부자라는 것을 실감 나게 하고 있습니다. 어렵고 외로운 시간을 보낼 때 자신을 위로할 수 있는 방책 중의 하나가 회상할 수 있는 추억거리가 많은 사람이 진정한 의미의 부자라고 합니다. 지난 시간에 대한 많은 추억을 쌓아 나갈 수 있도록 풍요로운 시간이 축적된 삶이 작품 속에 은연 중 발현되고 있음을 알 수 있습니다.

> 연탄 두 장을 손에 들고 꼭대기 집에 닿을 때쯤이면/ 하루야 안녕, 어둑한 방에 들었단다/ 그땐 세상이 미로였으나/ 고만고만한 이웃들끼리 다정한 골목이었다지// 화사한 배꽃이 피어 이름 붙여진 이화동 언덕배기 동네/ 아주 익숙한 발자국들은 어디론가 다 불려가고/ 제 자리 지킨 나무는 푸르게 잎을 키우고 있다/ 누군가는/ 슬픔도 절망도 사랑도/ 추억 여행을 떠났다 말하는데/ 그 길목에서/ 구겨진 기억을 훔쳐보겠다고 발길 서두르는 사람들은/ 통째로 흥정이라도 하려는 듯 시끄럽고// 큰 새 한 마리/ 비상을 꿈꾸는 벽화 앞 포토존에서/ 뛰뛰기를 잘도 한다/ 불꽃이며 생명이며 욕망을 찰칵! 찰칵!// 그들의 마음을 탁 믿고 절대로 훔치지는 말 일이야

「벽화마을이 날개 달다」 전문

지난날의 고단하고 신산辛酸스러운 삶도 세월이 지나 회상해 보면 추억의 한 페이지가 될 수 있습니다. 언덕배기에서 이리저리 부딪히며 살아온 이웃들이 이제는 새롭게 칠해진 벽화마을로 새롭게 날개 달며 비상을 꿈꾸고 있습니다. 연탄 두 장의 미로, 구겨진 기억이 꿈꾸는 벽화 앞에서 팔짝팔짝 뛰뛰기로 불꽃의 생명과 욕망을 불태우고 있습니다. 이렇게 지난날의 추억 여행은 새로운 세계

관을 꿈꾸고 비상하게 하여 새로운 미래를 푸르게 잎을 키워 나가고 있는 나무에 빗대어 잘 묘사를 하고 있습니다.

> …/ 현관문에서 오십 미터 지점에 연보랏빛 등꽃이 무리지어 피었다/ 오월의 풍경 속에/ 다섯 살 적 어린 딸이 겹친다/ 흰 모자에 연보라색 예쁜 드레스를 입히고 바라만 보아도 행복했었지// 파묻힌 그리움이 번져가는 미학의 바이러스여/ …// 삶이란 예정에 없이 변칙적일 때가 있어/ 세상에 이름도 모르던 바이러스가 난리인 세상/ 하루아침에 나라마다 출입을 통제하는 일이 벌어지고/ 지금은/ 미물들과의 갈등도 풀어야 한다는 묵언의 말씀
>
> 「미학의 바이러스」 중에서

성년이 되어 태평양 건너 살고 있는 딸을 생각하고 있는 장면묘사입니다. 다섯 살 어린 딸에게 흰 모자에 연보라색 예쁜 드레스를 입히며 행복해 했었던 지난날을 회상해 보는 아름다운 물기 어리는 표현입니다. 그러나 현실은 냉혹합니다. 삶의 속성이 예정에 없이 변칙적으로 전개되는 세상입니다. 그것을 어떻게 견디고 극복합니까, 그것은 바로 지난날의 서정적인 추억으로 현실을 견뎌 내는 것도 중요한 하나의 방법이 되는 것입니다. 그것을 시인은 암묵적으로 제시하고 있습니다. 미물들과도 풀어나가야 할 것이라는 현학玄學적인 방법론까지도 제시하고 있습니다.

> 오빠가 피리를 부는 건 아픔 때문이 아니다// …/ 고요한 마당에 모깃불 피우던 향수를 불러 모은다// 손때가 묻어 반지르르한 피

리/ 뚫린 구멍마다 울음보다 작았던 심장이 끄는 소리/ 수십 년/ 입으로 닦은 소리/ 가다가 가다가 동서양의 경계를 넘었다/ 굵고 가늘게 먼 하늘가를 나는 소리/ 꿈을 목숨에 달고 온 피리가/ 진양조 가락의 숲을 이루며/ 이어지다가 끊어지다가 영혼의 연기가 되기도 한다// …/ 아무도 모르게/ 어머니 젖무덤에 안긴 포근한 잠을 흔들어 깨운다// 피리소리는 없고/ 애잔한 핏줄이 남았다/ 노란 달맞이꽃잎 사이로 하늘 위 노란별도 빛을 포개는 이국의 밤// 오빠가 피리를 부는 건 행복 때문이 아니다

「피리의 꿈」 중에서

오빠의 피리 소리는 아픔이고 행복이라는 가슴 저미는 회상의 기법이 끊어질 듯 이어지는 듯 후벼파고 듭니다. 국제화 시대에 이제는 지구 곳곳에 흩어져 살고 있는 요즈음 세상입니다. 미시간 주에 살고 계시는 오라버니의 피리 소리 한 자락에서 어머님의 젖무덤을 불러오고 동서양의 경계를 무너뜨리는 영혼의 소리로 감정이입을 합니다. 우리의 전통적인 애잔한 피리 소리의 선율이 태평양을 건너서 혼과 혼을 이어주고 있다는 시인의 귀는 여느 사람들의 감각과 다릅니다. 이제는 남겨 놓으신 핏줄 속에서 오빠를 회억回憶하며 노란 달맞이 꽃잎 위로 한국에도 뜨고 미국에도 뜨는 별빛이 겹쳐지는 이국의 밤이라는 시·공간을 넘나들고 있습니다. 피리에서 가느다랗게 흐르는 선율은 단순한 악기 소리가 아님을 느끼고 있는 시인의 감성이 애처롭기만 합니다.

…// 신사의 실상은 자주 흔들리기도 한다. 삶에 대한 지긋한 태

도와 마음의 물길이 그림을 웃게도 하고 울게도 하는 것이지. 애매모호하면서 독특한 힘을 내포한 그림이다. 불현듯 한순간에 정지되는 아버지 모습이 떠오른다. 중절모를 쓰고 외출하시는 모습은 한 번의 실수도 용납하지 않을 단정함이었다// 지난날이 그리워지며 가을로 날아가고 싶다. 그건 지금 울음을 털어버리고 싶다는 항전의 태세다. 까만 전시장 안의 그림 사이를 가까스로 빠져나온다// 다시 하늘을 본다. 흰 구름이 여러 모양으로 흐르고 있다. 돌아보는 시간 사이로 눈물이 어린다. 스스로에게 눈물을 닦아주는 수고로움으로 미소가 살짝 스치기도 하고.// 눈물과 미소 사이에 평화가 깃드는 위로./ 까닭 없는 그 날의 프레임이다.

「중절모를 쓴 신사」 중에서

그림을 감상하는 일상의 순간들이 있습니다. 다양한 이미지를 담고 있는 그림 속에서 어느 순간 아버지께서 걸어 나오시는 듯한 착시감을 느낄 때가 있습니다. 일순, 불현듯 정지되어 있는 아버지의 지난날 모습이 확연하게 보이는 듯합니다. 아버지에 대한 그리움의 표현인 것입니다. 외출 채비를 마치신 아버지께서 마지막으로 머리에 멋스럽게 얹으신 중절모의 신사는 영원히 각인되어 있습니다. 한 치의 흐트러짐 없으신 단방端方하고 방정方正하신 아버지의 모습을 사이에 두고 가까스로 빠져나오는 그림 전시장에서의 심정을 가늠하기 어렵지 않습니다. 모처럼 전람회를 다녀온 날의 프레임 속에는 만감이 교차하며, 돌아본 시간의 여울 속에 하늘의 흰 구름이 다양한 모습으로 흐르듯 시인의 정서도 그렇게 직조織造되고 있음을 확연하게 합니다.

얼음이 녹자마자 옹알거리는 여울물 소리에 봄꽃이 피었다// 아낙네들은 함지박에 가득 이고 온 빨래 한보따리를 거침없이 풀었다/ 꾀죄죄한 이불홑청을 납작한 빨랫돌에 펴놓고 비누를 박박 문지르고/ 방망이질 소리 높아질 때/ 박자 맞춰 여인들의 웃음꽃이 무르익었다/ 흐르는 물살에 찰랑찰랑 흔들어 헹구어낸 광목천이나 겨울 옷가지들/ 너른 자갈밭에 가득 널어 두면/ 윤슬같이 반짝이는 풍경이었지/ 한쪽에선 양잿물 푼 드럼통에 빨래를 푹푹 삶아주는 장사꾼이 바쁘고/ 다른 한쪽에선 콩나물국밥을 끓여서 파는 장사꾼/ 엿장수 품바타령 왁자지껄하였지// 남천 시냇물에 삶의 땟국물이 씻겨 내려가고/ 햇살과 바람을 머금은 빨래가 고슬고슬하게 마르던 볕 좋은 봄날/ 엄마 젖가슴 아래서 달콤한 잠에 빠지던 아기/ 소소한 기억 한 자락이 아련하게 돋겠지// 내 고향 전주천은 지금도 유유히 흐르고 있다

「남천 빨래터의 추억」 전문

고향 전주의 한벽당과 남천교 부근에서 빨래하는 아낙네들의 모습을 불러 오고 있습니다. 마치 민화의 한 장면을 보는 듯합니다. 시 제목에서 보이듯이 지난날 목격했던 빨래터의 풍광이 그려지고 있습니다. 지금은 볼 수 없는 추억의 장면입니다. 날 풀리는 봄날의 한낮에 펼쳐지는, 꾀죄죄한 겨우내 묵은 빨래를 저마다 이고 나와 흐르는 시냇물에 삶의 땟국물 흘려보내면서 왁자지껄한 아낙네들의 깨알 같은 소리, 빨래 방망이 소리에 실려 보내고 있는 이 천연天然스러운 추억의 한 페이지입니다. 오늘은 그 옛날의 모습을 오버랩 시켜보며 추억에 젖어 보는 평화로운 장면을 시인의 감성은 풍요롭게 늘어놓고 있습니다.

> …// 고독을 섬기며 유유자적하던 고산 윤선도 어르신/ 가문으로 지킨 세월이 영광의 푸름이 되었나/ 범접하지 못하던 낮은 민초들도 백골이 되어/ 그저 한 땅에 고요히 잠들었구나// …
>
> 「보길도 꽃길 사이로」 중에서

추억은 개인의 소산물만이 아님을 알게 합니다. 추억 속에는 과거의 역사 속 인물도, 사건도 나의 것으로 환치換置되어 슬몃 수면 위로 올라옵니다. 시인의 관심사는 이처럼 먼 세월 속에서 손 닿지 않는 작가도 바로 우리 앞에 불러다 놓고 마주 앉게 하는 신비한 재주가 있습니다. 그것은 오로지 시 작품 안에서만 가능한 작업입니다. 덕분에 독자들은 학창 시절 공부했던 추억의 문사文士와 대화를 나누고 있는 것입니다.

이 밖에도 '밤낮 없이/ 어촌의 살림을 채우는 파도 소리 술렁이는 밤/ 바다 향 싱싱하게 배어드는 바닷가 집에서/ 그 여름 무더위도 잊고/ 어릴 적 얘기로 날이 샜다'는 「고등어회」에 담긴 추억담을 비롯하여, '빗속의 여수 항구/ 밀물이 저녁을 끌고 와 부두 위에 풀어 놓는다/ 흩어져 날리던 지푸라기 같은 날들이/ 이렇게 굵어진 밧줄이 되었나'라고 문면文面에는 드러나지 않지만 시 구절에서 이미 가느다란 지푸라기 같던 지난날의 추억이 굵은 밧줄이 되었다고 하여 추억이란 아름다움으로 번져오는 것이 아니라 아프고 아픈 시간으로 다가오기도 한다는 「피에로와 조우」가 있습니다. 또한 '덮어뒀던 일기장의 먼지를 털어내고 첫 장을 펴듯이/ 파도처럼 밀려가며 살아야 했던 사춘기의 기억을/ 궁색한 변명도 없이 털어 놓는다'라고 쓰면서 생맥주 한 잔을 사이에 두고 거품이 일 듯 지난날의 추억을 소환하고 있는 「피에로와 조우」에서 이제는 신화가 되어버린 서로의 비밀을 알아채다 보니 끝내는 눈시울을 적시게 만들었다는 지난날의 추억담을 그려내고 있습니다. 추억 부자 창고에서 꺼낸 보배들입니다.

외면할 수 없는 고단한 세상살이

한 세상 살아가노라면 참으로 어려운 고행苦行의 길도 외면할 수 없는 것이 우리들 삶에 어느 정도는 필수코스처럼 펼쳐지기도 합니다. 옛말하고 살아갈 날을 기대하면서 참고 참아보지만 끝내 부딪히는 현실 앞에서 때로는 망연자실하게 만드는 것도 준엄한 삶의 현장입니다.

위험 요소가 우리들 삶 곳곳에 도사리고 있으나 또한 그러한 지뢰밭을 헤쳐 나오는 용기와 격려가 때로는 무한한 힘을 발휘하게도 합니다. 부딪히는 고민을 해결하고 개선하며 도전하기도 합니다. 더 중요한 것은 이러한 과정을 피하지 않는다는 것도 알 수 있습니다.

> ㄱ초등학교 앞 아이들 웃음소리 떠났다/ 텅 빈 운동장의 큰 나무 침침한 그림자를 길게 뻗는다/ 딱풀을 사러 갔더니 문구점이 닫혔다// -… 그동안 감사합니다// 문고리에 걸이놓은 인사말이 반겨줄 뿐// 우리 집 단골/ ㅅ세탁소 아저씨는 성실한 사람이다/ 세탁물을 찾으러 갔더니// -곧 폐업할 거예요. 겨우 지탱했어요.

고맙습니다// 붉어진 눈빛이 분노가 아니길 기도한다// '산다'는 동사에 온갖 속임이 숨어있는 걸까/ 떠밀리는 세상살이 아프다/ 웃고 떠들 일 없는 지루함으로/ 절룩이는 한 해의 뒷자락이 저물어간다

「불편한 폐업」 전문

피할 수 없는 고단한 세상살이의 이치와 원리를 입담 좋게 풀어 놓았지만 그 밑그림은 역시 성장과 생장의 아픔이 깔려 있습니다. 문을 닫을 수밖에 없는 어려운 세상살이임을 곳곳에서 보게 되는 현실입니다. 더 좋은 날들을 위하여 기대하는 마음을 가져 본다는 아픔도 설핏 보입니다. 비단, 문구점과 세탁소만이 아니라는 것을 주변을 휘돌아보면 잘 알 수 있는 현실입니다. 이렇게 생은 고달픈 절름발이와 같으나 다음 해에는 다시 일어설 수 있는 민초民草들의 질긴 생명력에 기대하는 마음도 함께 하고 있기에 다소간 안심되는 속마음도 얹어 놓고 있습니다.

무엇이라는 이익을 앞세우고// 무엇이라는 열정을 휘두르며// 무엇이라는 친절을 거느리고// 광고 들고 전진하고 웃음 지으며// 우리 문 앞에 오고 있다// 구원을 미끼로 지금 오고 있다// 행복의 문을 지나는 다정함으로 오고 있다// 비등점을 향한 기대감을 정해놓고// 마지막 한 걸음 앞에서 결코 물러서지 말자는 기술

「마케팅」 전문

각각의 밥을 마련하는 생업生業이 있습니다. 물건 하나라도 더 팔아야지만 새끼들 입에 밥을 넣어 줄 수 있는 것이 삶의 지엄한 분부

입니다. 마케팅이라는 실감 나는 언어 앞에서 온 세상의 상점들이, 노점상들이 생각을 키웁니다. 구원과 행복을 향하여 이익과 열정과 친절과 미소로 중무장하여 물러설 수 없는 치열함으로 판매하지 않으면 살아갈 수 없다는 세상살이의 녹록치 않음을 아주 실감나게 잘 표현해 놓았습니다

> 사흘 째/ 뉴스는 종일 수해현장을 보도하고 있습니다/…// 물난리 불난리/ 정말 난리도 아니지요/ 삶은 한 치 앞을 모르는 낭떠러지 허방입니다// 날이 새자/ 태풍 달아나고/ 하늘이 징하게 푸릅니다
>
> 「야단법석」 중에서

온갖 지구상에서 벌어지는 재난 소식에 세상살이 참 만만치 않다는 것을 체험상으로 알고 있습니다. 하루가 멀게 갖가지 소식을 통하여 접하게 되는 순식간에 사라져버린 사람들, 폐사해 버린 수산물 앞에 망연자실한 사람들, 밀어닥친 해일에 집안 곳곳이 허물어진 소식의 연장선상에서 살아가고 있습니다. 그러나 간밤의 폭풍우 지나고 새날의 푸른 하늘과 점심 식사하러 공사 현장에서 쏟아져 나오는 근로자들의 모습에서 다시 일어나 새삶을 살아가게 하는 것, 곧 마냥 주저앉을 수만은 없다는 것을 암시하고 있습니다.

> 날마다 집값폭등이다/ 빙하가 녹고 알래스카도 폭염이다/ 누가 누구를 죽였다…// …/ 하루의 무게로 마음만 시름겨운 한밤의 뉴스까지// …// 아프리카에서 봉사활동을 하는 의사 오빠는 사

> 진과 소식을 전송해주신다/ 북한의 의학발전을 위해 묵묵히 일하는 내과의사 친구/ 기후와 환경을 위해 앞장서서 실천하는 지인이나/ 작은 연주회를 오늘밤 집에서 펼친다는 아름다운 피아니스트/ 반평생 갈고 닦은 가야금 연주를 곧 시작한다는 친구/ 건강한 먹거리로 집밥 걱정을 덜게 해주겠다는 동창 소식도 고맙다// 즐거운 소식/ 꼬리를 무는/ 살맛나는 세상은 언제일까요
>
> 「뉴스 연가」 전문

우리나라뿐만 아니라 지구상에서 벌어지는 갖가지 뉴스에 기가 질릴 정도의 내용들이 펼쳐지고 있습니다. 시인의 눈과 귀는 촉수觸手를 곧추세우고 있습니다. 하루의 힘겨운 뉴스 퍼레이드입니다. 아침 뉴스부터 자정까지 연일 보도되는 궂긴 소식에 어지럼증이 도진다고까지 합니다. 그러나 작품의 마지막 부분을 희망과 기대감으로 마무리하고 있습니다. 세계 곳곳에서 좋은 소식을 전해 주는 다양함에 살맛나는 세상을 기대하고 있다는 것에서 희망과 긍정적인 메시지를 전해 주고자 하는 시인의 배려의식을 엿보게 합니다.

> 눈뜨자/ 생존게임의 무대// 평범한 하루의 삶은 죽은 자의 무덤으로 잠들 뿐이거든/ 머물기를 저주한 긴장의 끈을 팽팽하게 당기자// 정말이지/ 절실할수록/ 흠집 하나 남기고 싶지 않습니다// 눈물겨운 레퀴엠을 준비하고/ 하루에게 보내는 마지막까지/ 목줄 건 일생/ 짧고 굵게 쓴다// -하루를 살아도 살맛나게 살아 봐!// 보람의 흔적이 뜨겁다
>
> 「하루살이가 남긴 선물」 전문

하루살이의 삶도 절실하고 뜨겁기만 합니다. 하루의 출발부터 레퀴엠을 준비할 때까지의 삶은 처절하기만 합니다. 그렇게 하루의 삶이든 일생 제법 긴 시간을 보내게 되는 인생살이든 삶은 준엄하기만 합니다. 매 순간, 일 분 일 초라도 허투루 살아갈 수 없는 것이 어쩌면 신이 인간에게 부여된 지상명령인지도 모릅니다. 우리는 죽음의 순간이 올 때까지 각자에게 부여받은 임무를 선물처럼 수행해 나가야만 합니다. 하루살이의 삶에서 길고 깊고 커다란 인생의 원리를 유추해 내게 하는 작가적 안목을 의미 있게 바라봅니다.

> 한여름 공기를 썰 듯이/ 햇볕을 쪼아대며 미친 듯이/ 높은 소리로 울어대는/ 그들만의 의식은 현재진행형 도발적이다// 진초록 잎맥의 냄새를 기억하는지/ 마지막 할 말 다하겠다는 건지/ 목숨 걸고/ 흙속의 피까지 다 토해내는 건지// 무늿결 같이 곱디고운 겉옷만 남겨두고/ 한칼에 사라진 너// 요절하고만 너도 슬픈 운명이라 어쩔 수 없군
>
> 「매미」 전문

하루살이와 마찬가지로 여름 한 철을 살아내는 매미에게도 삶은 간절한 것입니다. 시인의 감각은 인간에게서 멈추지 않고 이렇게 섬세한 관찰은 곳곳에서 발견되며 대상 역시 끝없음을 알 수 있게 합니다. 그러나 이 세상에 왔다 간 흔적을 남기고 가는 것이 산 자의 행위라는 것도 보여 주고 있습니다. 어떠한 형태로든 최선을 다하여 살아갈 수밖에 없는 생을 마친 후에 미래의 발전을 위하여 나름의 유지를 남기고 가야 하지 않겠는가라는 의미부여 작업도 아

울러 동반해야만 한다는 것을 암시하고 있습니다.

매미의 일생은 짧습니다. 그러나 일생은 일생입니다. 사람의 일생이나 하루살이의 일생이나 일생이라는 측면에서는 같습니다. 생체활동을 하는 살아있음의 관점에서는 똑같다는 것입니다. 몸집이 거대한 코끼리나 작디작은 개미나, 수령이 수천 년 된 거목이나 여린 풀 한 이파리나 생체활동을 하고 있다는 점에서는 같다는 원리입니다. 매미에게도 살아가는 동안의 추억, 진초록의 잎맥 냄새를 기억하듯이 보이지 않는 무진한 나름의 추억이 있을 것입니다. 마지막 가는 길에 피 울음을 울면서 토해내고 있는 저 절규를 시인은 기억하고 시의 그릇 형식에 담아 두고자 합니다. 그것을 통하여 독자들은 시인의 감성에 가까이 다가가고자 합니다. 한 점, 삶의 흔적을 남겨 놓고 떠나는 저 장렬한 죽음 앞에서 우리들 삶의 방식을 사유하게 합니다.

이 밖에도 남들이 눈길을 주지 않는 「단추는 매력이다」에서는 아무리 옷이 마름질을 잘 하여 완성이 되었다고 하더라도 화룡점정처럼 옷을 여며주는 단추의 마지막 점 찍는 것에 대한 의미를 외면해서는 안된다는 것을 시인은 용케 잘 지적하고 있습니다. 옷을 만들어가는 것은 세상살이처럼 조심스럽고 고단한 과정을 거치지 않으면 안된다는 것을 시인은 이미 경험을 통하여 잘 알고 있습니다. 조심스럽게 가위질을 해야만 옷감이 망가지지 않습니다. 마름질한 옷감을 단단히 고이고 박음질하여 온전하게 만들어 냈더라도 마지막 손질 과정이 바로 어울리는 단추로 마감을 해야만 옷이 옷다워집니다. 그 지난한 과정을 인생살이에 비유하여 훌륭한 철학적 사색으로 끌어 올리고 있는 작가의 솜씨를 보여주고 있습니다. 멋진 옷 매무새를 뽐내며 활기차게 생의 현장으로 발걸음을 옮기는 상상을 기대하게 합니다.

통과의례의 소중함

사람이 살아가는 데 있어서 중요하고 놓쳐서는 안되는 여러 가지 집안, 혹은 주변의 뜻 깊은 날들이 있습니다. 소소한 집안의 대소사에 대하여도 시인은 자신의 심경을 시적으로 풀어놓고 있습니다. 집안일뿐 아니라 남편의 행사 혹은 여고 동창회관 건립 등에도 시인만의 감각과 촉수를 늘 켜놓고 살아가는 생활인의 모습도 감지할 수 있습니다.

> 지구 반대편에 'J 고개 떡'집 간판이 버티고 있다/ 백설기 붉은 수수경단 송편 대추와 밤 케잌도 고르면서/ 하늘의 별이 된 할머니 어머니께 안부를 묻듯 갖가지 그리운 떡 냄새를 맡는다// 어미 몸에서 나와 탯줄 자르고 삼백예순다섯 날/ 붉은 피 건강하게 돌고 돌아 뒤뚱뒤뚱 아장걸음 웃음보따리다/ 어미 마음에다 외할미 마음 속속들이 모아/ 미국식으로 한국식으로 첫돌 잔칫상 한가득하다
>
> 「돌잔치」 중에서

미국에서 첫돌을 맞이한 외손자의 축하 상차림을 있는 그대로 잘 묘사하고 있습니다. 그러면서 시인은 외할머니로서의 덕담과 외

손자에 대한 탄생의 의미에 첫돌을 축하하고 있습니다. 나중에 외손자가 커서 외할머니의 존재감을 이 작품으로 만나며 얼마나 감격스러워할까 라는 생각도 해보게 됩니다. 옥동자의 울음소리 팡파르가 한국과 미국을 이어주며 딸과 어미를 이어주는 무지개 다리로 삶의 영속성까지도 생각해 보고 있습니다. 참으로 아름다운 장면을 기록으로 남겨 놓고 있어서 그 의의를 더 하게 합니다.

> 신랑은 햇살로 걸어오고/ 신부는 향기로 걸어오고/ 비상을 꿈꾸는 한 쌍/ 어깨 위에 새하얀 빛이 길을 펼친다/ 하늘도 시간을 멈추고 박수를 친다// 젊은 사랑이여/ 한 남자의 콧대를/ 한 여자의 눈썹을 보아라/ 보드라운 입술 청초한 자태를 보아라/ 가장 눈부신 호명으로 아름답구나// …// 금빛 웃음 날리며 좋은 날!/ 사랑이여 가득하여라/ 축복이여 가득하여라

「기쁜 날」 중에서

그 이름도 어여쁜 결혼식의 풍광을 이리도 아름답게 물들여 놓고 있습니다. 시라는 형식의 마력魔力을 느끼게 합니다. 기쁘고 기쁜 날 중의 으뜸이라고 할 수 있는 신랑 신부에 대한 찬사와 더불어 앞날의 축원을 뜻깊게 펼쳐 놓고 있습니다. 사랑의 결실을 맺은 신랑 신부의 앞날을 위하여 활짝 행복의 문을 열어 밝히는 촛불의 불타오름을 축원하고 있습니다. 이미 오랜 세월을 살아오신 경험으로 이해와 믿음이 동반된 정리情理로 이 세상 끝까지 사랑할 것을 주문하는 심정과 함께 그렇게 살아갈 것임을 기도하는 시인의 진정성이 와 닿는 수작이라고 할 수 있습니다.

…// 애지중지 달래고 키워 온 자식들/ 엄마 생일에 감사하는 사랑의 향기/ 따뜻이 피우는 순간/ 사랑이 사랑을 품무질하는 웃음꽃 핀다// 엄마 생일날 가족 축제/ 웃음으로 한바탕/ 압권이다

「행복 설계 팔레트」 중에서

가족 구성원의 생일을 놓치지 않고 글감으로 선택하여 작품으로 승화시키고 있습니다. '행복 설계 팔레트'라는 미학적 제목도 의미가 다채롭습니다. 엄마의 생일날, 식구들이 모여서 색채도 영롱하게 번져가는 웃음꽃과 함께 팔레트 속에 오색찬란하게 펼쳐질 아름다운 미래를 생각해 보게 됩니다. 일상적인 소재를 글감으로 선택하여 주제 의식을 분명하게 담고자 하는 작가의 섬세한 마음을 읽을 수 있습니다. 누구에게나 공감이 가면서 본받게 합니다. 따뜻한 가족애는 우리들의 삶을 구원해 주는 든든한 구원의 끈이 되고 있음을 목도할 수 있습니다. 사랑의 무늬는 아름답게 주변을 밝히고 기쁨을 줄 것입니다.

-그때, 신참 장교였던 우리는 샘솟는 기쁨의 얼굴이었다.고 쓴 일기를 보았다/ 우리는 불같다가 얼음 같다가 뜨거웠다가 냉정하기도 하였다// 보라! 보라! 보라!/ 한평생 잊을 수 없는 이름 ROTC 15기// …// 자랑스러운 대한민국 ROTC 15기 동기생들이여/ 청춘의 뜨거운 심장이었던 우리/ 이제 고즈넉한 얼굴이 되어 여기에 함께 섰다// …// 보라! 보라! 보라!/ 한평생 잊을 수 없는 이름 ROTC 15기여

「열정과 냉정」 중에서

짐작해 보건대, 시인의 남편은 대한민국 ROTC 15기이신 듯합니다. 시인을 아내로 두신 남편은 참으로 행복하고 자랑스러우실 듯싶습니다. 시는 언어 행위입니다. 언어는 기록문학의 속성이 있습니다. 이렇게 냉정과 열정 사이에서 나라 사랑을 실천해 오신 남편의 무장된 정신력을 갖춘 생활 자세를 오랜 기간 가장 가까이에서 지켜봐 왔음을 알 수 있습니다. 땀방울로 가득한 그 시절을 기억합니다. 마흔 해의 기념시로 멋있고 당당한 그날의 남다른 운명, 영원한 민족의 영광이었음을 오늘날에도 빛바래지 않고 반짝반짝하게 잘 살려내어 멋진 기념시로 승화시키고 있는 아내 시인 역시 자랑스럽다고 하지 않을 수 없습니다.

> 연어가 돌아오듯이 재경 영란인 한곳에 돌아와/ 사랑의 둥지 비로소 빗장 여는 날/ 단발머리에 백선 전주여고생처럼/ 싱그럽고 아름답게 달아올랐네// …// 연어가 돌아오듯이 우리도 돌아와/ 서울 한복판 꿈의 안식처 오롯이 둥지 틀었네/ 가을꽃 향기 속에서 얼마나 감격스러운 축복인가/ 재경 영란인이여/ 오래오래 행복하소서
>
> 「사랑 하나로 서로를 물들이며」 중에서

'재경 전주여고 총동창회 동창회관 개관 현판식에 붙여'라는 설명이 붙여 있는 것으로 보아 이 작품 역시 시인을 동창 친구로 둔 사람만이 쓸 수 있습니다. 시인을 아내로 둔 남편의 행복감을 앞에서 살펴보았듯이 시인 친구를 둔 동창 친구들의 행복감을 미루어 짐작해 볼 수 있습니다. 얼마나 뜻깊은 언어 행위입니까, 시 쓰기는

이렇게 다양한 의미로 유용하게 활용되고 있음을 입증할 수 있습니다. 전주여고의 분위기와 향기를 느낄 수 있습니다. 그 시절의 추억과 함께 영원히 오래도록 행복하라는 시인의 염원이 발하고 있음을 봅니다. 고향 전주를 떠나와 서울에 둥지를 틀고 사는 친구들의 또 다른 비상을 위하여 독자들은 아낌없이 시인의 발원發願에 함께 하는 마음을 얹을 것입니다.

의외로 행사시나 기념시 쓰기가 수월치 않다는 것을 글 쓰는 작가들은 잘 알고 있습니다. 그런데 시인은 참으로 그 의미를 잘 살려내고 있습니다. 시인의 다채로운 시작 솜씨를 엿보게 합니다.

나라 밖 이야기

시인의 체험과 관심사는 국내에만 머무르지 않습니다. 시인은 틈틈이 나라 밖의 다양한 체험을 기록으로 남기고 작품으로 승화시켜 놓고 있습니다. 작품 속에는 시인의 희구希求하고 있는 바가 다양하게 담겨있습니다. 다녀온 이국의 풍광을 놓치지 않고 남다른 관점에서의 관찰력을 기반으로 하여 작품으로 재탄생 시키고 있습니다.

> …// 홀로 조용히 애원하는 시간에도/ 사방이 물안개에 싸인 하롱베이의 바다에/ 섬들은 온화하게 떠 있고/ 고통까지도 위로하며 감싸는 침묵의 깊이는/ 층층이 깊어가는 물의 징표를 상관하지 않습니다//…// 신들의 정원이라는 여기/ 바닷물 위에 맑은

영혼의 길이 있음을 누가 알겠어요

「신들의 정원에서 누구를 만날까」 중에서

하롱베이라는 곳의 신비하고 그윽한 바다와 어우러진 바다 풍광을 잘 그려내고 있습니다. 천년의 세월 동안 간직해 온 아름다움과 또 다른 이미지를 상상해 봅니다. 가늠이 되기도 하고 그렇지 않기도 한 상상력의 폭을 넓혀 보기도 합니다. 너무도 고요하고 잔잔한 이국의 정서 앞에서 지나온 시간을 살피며 다시 치유 받고 힘을 얻어 돌아와 새로운 삶을 살아가려는 의지가 엿보이고 있습니다.

배출도 때로는 약이 될 수 있다고 했어/ 여행의 맛은 먼 곳을 향한 감정의 배출이기도 하거든/ 여행은 틀을 깨는 힘도 있어 떠나야 하지// 러시아 자작나무 숲을 거닐던 날도 그랬지/ 그림엽서 속에서 봤던 하얀 커튼이 바람에 휘날리는 별장의 창가에서/ 보내지도 않을 연서를 쓰다가/ 이름을 채 적기도 전에 허물어지듯 지워버리고 말았어// 잎새를 흔드는 바람은/ 어두운 그늘에서 머물다 일어서곤 하였는데/ 내 살을 훑어서 호수 쪽으로 쓸려가더군/ 아릿하게 들리던 '기차는 여덟 시에 떠나네'/ 전혀 다른 세상에서/ 끙끙대던 오해를 풀었지/ 울먹이며 뒤엉켰던 눈물의 소중함을 깨닫기도 하였어// 그곳은 한낮 고요가 깊기도 하였거든/ 멀리 행성을 타고 떨어져나간 쉼터였어

「여행의 안팎」 전문

항용 낯선 여행지에서의 심리적 상황 묘사입니다. 이렇게 저렇게 살아 내다보면 쌓이는 엇갈린 운명들도 더러는 있었을 것입니다.

그러한 감정의 찌꺼기들이 여행지의 객창에서 이리저리 삭혀 나가는 것들을 체험하게 됩니다. 러시아 자작나무 숲의 고요함이나 백야의 깊어가는 고요한 시간 속에서 끝 모를 사색의 나래를 펼치는 시인의 모습을 상정하기는 어렵지 않습니다. 그것은 멀리 행성을 타고 날아간 또 다른, 온전히 나만의 쉼터에서 누릴 수 있는 축복이었던 것입니다. 이러한 작품 세계관 속에서 시인은 숨을 쉬고 감추어진 지난날의 연모戀慕의 정리情理도 내려놓았다가 다시 때가 되면 슬몃 들추어보는 자기만의 달콤한 서정적인 풍요를 누릴 수도 있을 것입니다. 그것은 일상의 틀을 깨는 여행의 특성이기도 하다고 시인은 명징明澄한 해석법으로 풀어내고 있습니다.

> 호치민에서 무이네까지 250km/ 베트남은 시골길에서도/ 셀 수 없이 많이 다니는 오토바이를 피하려고/ 차들이 계속 크락션 소리를 내면서 달린다/ 왕복 2차선을 왔다 갔다 하며 노련한 운전 솜씨로 달린다/ 중앙선이 필요 없을 정도다// 목적지까지 가는 동안/ 둘 사이에 그어있던 굵은 중앙선을 거둔다/ 언짢은 어제를 소환하는 일 없이/ 생략할 것은 생략하기도 하면서/ 서로를 내비게이션 삼아 같이 가는 거야// 볼거리 많은 무이네에서도 이색적인 곳/ 화이트 샌듄과 옐로우 샌듄/ 초원 한가운데 모래사막이 드넓게 펼쳐진다// 눈도 마음도 호사스런 풍경 속에/ 푸른 스카프를 바람에 날리며 모래 위를 금빛 질주한 날/ 태양열에 녹아/ 그만 가로놓인 실금마저 삽시간에 지워졌다
>
> 「무이네에서는 이상한 감정이 없다」 전문

여행 르포같이 느껴지면서 한번쯤은 가보고 싶다는 유인감을 가

져오게 하는 효과가 있는 작품입니다. 독자들이 무이네라는 낯선 곳, 이색적인 곳에서 사람 사이의 관계망을 내려놓게 하고 있는 시인의 마력 속으로 빠져드는 듯합니다. 결국 태양열에 녹아내릴 감정의 찌꺼기들이었던 것을 자각하게 합니다. 그러한 잔재가 삽시간에 지워지면서 아무런 감정이 없는 본래의 상태로 내려놓고 얼마의 시간이 지난 후, 평온한 일상으로 복귀하였을 것임을 상정해 볼 수 있습니다. 무이네라는 낯선 지명과 펼쳐지는 풍광 앞에서 지나온 시간을 추억하고 앞으로의 시간을 설계하는 시인의 감성에 동조하게 됩니다.

> 여기는 알혼섬/ 바이칼 호수를 건너 사방은 넓고 아득하다// 칠월이고 이렛날/ 오후 세 시/ 태양이 열기를 내뿜는다/ 사륜 구동차 우아직이 초원의 길을 달리다 멈췄다/ 맑은 하늘 아래 들꽃의 족속으로 쪼그린 채 앉았더니/ 마침 골똘한 눈망울로 바라보는 노루 새끼 귀엽다// 칠월 칠석 다음날 태어나/ 영원 속으로 먼저 간 동생의 눈빛 닮았구나/ 이 세상 잠시 소풍 왔다간 한 마리 노루였을까/ 살면서 다 나누지 못한 말 나누고 싶다// 그리움을 향하여 몸을 던져도 좋을 영혼들의 땅/ 짙은 물과 하늘이 전부인 여기는/ 태초의 숨들이 왔다갔다 절벽을 맴돌고 있고/ 나는/ 노을빛 넓고 넓은 호수에 나가 /독주를 마시며 신화 속에 빠져본다
>
> 「알혼섬에서 만난 노루」 전문

노루는 우리나라에도 있는 동물입니다. 그러나 바이칼 호수 건너편 알혼섬이라는 이국적인 섬을 배경으로 그려졌을 때의 느낌은 현

장감에 있어서 꽤나 커다란 상거相距감이 있습니다. 거기에서 빚어지는 감정의 폭은 독특하다라는 것을 실감나게 하고 있습니다. 더욱이 분위기를 고조시켜 주는 독주毒酒에 머언 먼 옛날의 신화시대를 오늘날 이국에서 불러들이는 시인의 감성에 독자들은 함께 마주하고 있는 듯한 착시현상까지도 가져오게 합니다. 빠져 들게 하는 묘한 마력이 있음을 외면할 수 없습니다. 초원과 짙은 물과 하늘과 노루를 통하여 태초의 시원始原을 불러들이는 솜씨는 매우 유려하게 전달되고 있습니다.

> 서쪽으로 이끄는 달에 온몸이 딸려가다 여기에 닿았습니다/ 카파도키아 흥미로움에 빠져 간밤을 설쳐야 했고/ 마음은 조마조마/ 새벽 어스름한 하늘문의 문틈을 열고 열기구가 떠오릅니다// 자꾸만 목이 길어집니다/ 떠오르는 해는 한순간이니까요// 수없이 떠오른 열기구들로 마법의 하늘이 펼쳐지고 있어요/ 아래의 장관을 내려다보는 맛도 정말 이색적이에요/ 비타민 같은 기막힌 한 순간입니다// 사랑한다고/ 그러나 영원히 사랑할 수는 없다지요/ 하지만 우리는 지상에서의 사랑을 몽실몽실 이야기할 때입니다/ 목을 길게 늘이고/ 가늠할 수 없는 세상의 안부에 오늘은 답을 해야겠습니다// 갈피갈피 시간의 속셈이여/ 쿠오바디스
>
> 「터키에서는 자꾸만 목이 길어집니다」 전문

목이 길게 빠질 수밖에 없는 마법의 하늘이 펼쳐지는 장면이 그림같이 펼쳐집니다. 이색적인 풍광을 놓치지 않고 작품 속에 담아주셔서 가보지 못한 독자들을 설레게 하고 꿈꾸게 합니다. 하늘의

사랑과 지상의 감응을 목을 길게 늘이고 가늠할 길 없는 세상의 안부에 접목시켜 보고자 하는 안목도 뛰어납니다. '어디로 가시나이까'를 묻게 되는 터키 여행담이 놀랍도록 밀도 있게 축약시켜 보여주고 있습니다. 스토리 텔링을 담아 두고 있습니다.

현재의 삶이 핍박스러울 때 꿈꾸어 보는 여행은 그 자체로 위로감을 줍니다. 그것이 세계 여행으로 이어질 때의 흥분감, 기대감을 물밑에 가라 앉혀 놓고 현장감 있게 기록으로 남겨 놓아 독자들을 몰입하게 합니다. 시를 읽어나가는 동안 독자들은 잠시 시인과 함께 여행을 다녀온 행복감을 만끽할 수 있었습니다.

시류를 살아가는 오늘

전 세계적으로 인류의 삶을 힘들고 고통스럽게 하는 코로나19의 재앙이라는 어려운 시간을 보내고 있는 요즈음입니다. 시는 생활의 반영이며 사회 현상의 기록적인 소중한 역할 수행도 한몫하고 있다는 소명 의식을 불러일으키게 하는 작품들이 실려 있습니다. 세밀한 관찰력으로 코로나에 대처하고 있는 의료진, 당사자, 주변적인 요소 등에 관하여 진정 염려하는 심정을 잘 보여 주고 있습니다.

> …// 3개월 째 대구에서 코로나19 진료에 매진하고 있는 의사선생님 조카에게/ 수고한다는 안부문자를 보내자 염려 말라는 짧은 답/ 야무지고 선량한 사람인데도 요즘은 날마다 기도를 하게 된다/ …// 공원은 마음까지 푸드덕거리게 하는 길/ 멈춤이 아닌

지속의 과정을 걷는 길/ 기도하며 걷기에도 좋은 길이 가까이 있어 고맙다

「처음 보는 길처럼」 중에서

현재도 우리나라 사회를 가장 어렵게 하고 있는 코로나 현상은 모든 부분에서 힘겹기만 합니다. 그러한 힘든 문제에 대하여 국민의 한 사람으로서 기도하는 심정이 진정성 있게 전달되고 있습니다. 올림픽 공원을 산책하면서 주변의 자연풍광은 변함없이 꽃피고 평화로운데 현 시절은 근심과 고통으로 얼룩져 있음을 기록으로 남기고자 합니다. 산책하면서도 기도하는 시인의 심정이 간절하게 여러 부분에서 와 닿고 있습니다.

구토를 느낀다고 한다/ 입술이 파르르 떨리며 눈동자가 흔들린다/ 왼쪽으로 기울어가는 몸이 중심을 잃어간다// 슬픔은 이렇게 방문하는 것일까// 119 구급차 사이렌 소리 커간다/ 가슴이 타들어가는 사이 도착한 응급실은 삼엄하다/ 긴급한 상황에다 코로나19 검사까지 현상은 오히려 지루하고/ 의사의 말은 귓가에 스쳐갈 뿐/ 어두운 협곡에서 허우적거리는 건 보호자도 한가지다/ 아득한 밤이 멈추어 있는 것 같다/ 가늘게 떨어지는 링거 수액이 환자의 늘어진 몸을 부축일 때/ 무기력의 회한으로 망연히 바라보는 눈앞의 시선/ '뇌졸중 집중치료실'은 천국과 지옥을 오가는 곡절이 많기도 하다// 자정 무렵/영혼과 주고받은 밀거래의 유혹은 차라리 불문율이기를 바랄 뿐// '색즉시공 공즉시색'이라 했지/ 단풍 든 세상이 새삼 고요해진다

「119 구급차」 전문

절실한 119 구급차의 상황묘사와 분주하게 돌아가는 응급실의 급박함이 이처럼 실감나게 전달되고 있습니다. 코로나19 검사를 하지 않고는 다음 단계로 진행할 수 없다는 이 어려운 협곡의 애처로움과 늘어진 환자의 상태를 지켜봐야만 하는 심장이 졸아들고 있는 듯한, 천국과 지옥행의 통탄이 오가고 있는 생의 막바지 현장을 지켜봐야만 하는 보호자의 타들어감을 실체험으로 한 작품입니다. 그러나 곡절 없는 듯 가을로 치닫고 있는 계절의 무심함은 단풍으로 고요를 장식하고 있다는 대미입니다. 참으로 시절사의 한 복판을 생생하게 휘몰아치고 있는 오늘의 현실을 초연한 듯 마무리로 매듭짓고 있습니다.

> 온통 우울한 탈레반의 포성 소리 부산하고/ 죽음을 밟고 오가는 어두운 세상 소식 어지럽다/ 무지한 세상에 짓밟혀 부스러지는/ 꽃 같은 여자들// 먹고 먹히는 세상사라지만/ 놀랍구나/ 저쪽 난기류가 밤을 몰고 온다// 황금빛/ 추억의 몸짓으로 직조된 태피스트리/ 잔주름 하나도/ 지울 수 없는 은근한 정열로/ 소용돌이 치는 꿈의 무늬를 밟으며/ 그들의 평화를 위해 기도한다
>
> 「난기류」 전문

세상은 코로나가 덮쳐서 하루하루가 힘들고 어려운데 지구 위 또 다른 세상에서는 탈레반의 총소리로 인명이 살상되는 극악한 상황이 전개되고 있습니다. 시인은 이 또한 놓치지 않고 '난기류'라는 상징적인 제목으로 기록과 동시에 그럴 수는 없다는 고발적인 시 문장으로 적어 놓고 있습니다. 무지막지한 세상사를 외면하지 않

고 간절한 기도로 세상 평화를 갈구하는 시인의 정신세계를 가늠하면서 평화를 추구하는 폭과 깊이, 그 따뜻한 인류애를 기억하고자 합니다.

> 그때에도/ 그 이전에도/ 끝내/ 묵비권으로 답한다// 속셈을 모르겠네// 세상살이/ 입이 마르는 일// 한 순간도/ 감정의 사치를 맛볼 수 없는 오류다
>
> 「수상한 시간」 전문

지금도 온갖 언론매체에서 진행되고 있는 사건들이 펼쳐지고 있는 상황입니다. 그러나 묵비권으로 일관하고 있는 그들의 속셈을 지켜보고 있는 우리는 진정 어느 나라 사람들인지 묻지 않을 수 없다는 이면의 심정을 짐작해 보게 합니다. 캐면 캘수록 수상한 사건들이 줄기를 타고 올라옵니다. 더러는 묻혀 버리기도 하고 쓸어 담기에 급급한 수상한 사건의 시간들이 연이어 진행됩니다. 이렇게 '수상한 시간'이라는 참으로 시의적절한 언어를 잘 찾아내어 길지 않은 행간에서 비수같이 번쩍이고 있습니다.

이 밖에도 '길상사를 둘러보던 중 모 방송국의 PD.라며 인터뷰를 하자고 한다// …/ 대세는 아무나 할 수 있는 일인방송 시대/ 유튜버가 꿈이라는 초등생이 많다니까 놀랄 일도 아니긴 하다// …/ 유튜버는 뜨는 직업이라 하겠다'라는 「즉석 인터뷰」에서 요즈음 세태를 보여 주고 있습니다.

또한 '뒷머리에 ㄹ무늬를 독특하게 꾸민 남자가 내 앞에서 걷는

다/ 어떤 생각으로 저런 헤어스타일을 했을까//…'라고 「ㄹ은 직진이 아니다」에서 언급한 요즈음의 독특한 헤어 스타일을을 통하여 세상사는 질러 가는 지름길도 있지만 ㄹ자처럼 에둘러 가야만 하는 길도 있다는 것을 암시적으로 보여 주고 있습니다. 삶의 철학을 적어 놓고자 한 것입니다. '// 시와 나 사이의 거리만큼이나/ 끝날 듯 끝나지 않을 듯 팬데믹은 길어지고 있다// 무엇이든 메우려면/ 하루 이틀 공을 들여서는 어림도 없을 거야'라고 「골다공증」에서 끝날 듯 끝나지 않는 팬데믹으로 인한 고통을 호소하는 가운데 만만치 않은 세상살이를 골다공증이라는 증세에 빗대어 표현하고 있습니다. 그러나 '…/ 아픔의 극한에서 치유의 독한 약을 찾습니다/ 가장 슬프고 가장 아름다운 명약을 찾습니다'라고 「치유의 패턴」에서 독한 약으로라도 치유책을 찾는다는 희망적인 암시를 하고 있습니다. 매번 반복되는 치료의 방법론은 이제 더더욱 강해지지 않으면 안 된다는 현실적인 고통의 아픔까지도 풀어놓고 있습니다.

시인은 현실과 동떨어진 세계관 속에 함몰하여 이상향을 추구하기도 하지만 때로는 이렇게 세상사와 무관하지 않음도 독자들에게 인식시키고 있음을 반증적으로 보여주고 있습니다.

에코 의식의 생태시

우리는 지금 기후변화의 시대에 살고 있으면서 위기감을 느끼고 있습니다. 온갖 환경오염으로 인하여 야기되는 문제점 대두로 우리 인간들의 삶을 위협하고 있습니다. 동식물들도 마찬가지입니다. 수

백 년이 지나도 썩지 않는 플라스틱이나 비닐 뭉치가 고래 뱃속을 칭칭 감고 있어서 폐사하는 경우의 사진 고발도 목도하고 있는 현실입니다. 시인은 역시 이러한 지구 생태계에 대한 관심사도 끈을 놓고 있지 않습니다.

> 어느 길로 가시겠습니까?// 플라스틱 고무 페타이어 버린 옷가지 페스티로폼 어망/ 인도양을 지나 아프리카까지 버려진 가지가지 모아서 전시해놓고/ 너와 나의 양심을 묻네요// 한 곳에선 넘치는 물질에 대해/ 한 곳에선 모자라는 부족함에 대해/ 방탕과 만취 근심/ 우리의 올가미입니다// 남이 나를 보살펴주기를 기대하지 말아요/ 몸이 힘들어도 무시하지 말아요// 건강한 아이를 낳고/ 한 뙈기의 정원을 가꾸고/ 자주자주 웃으며 살 수 있는 세상을 가꾸기 위하여/ 어떤 방식으로 사용할 것인가요// 미술과 미술 바깥의 경계에서/ 스스로 무지를 깨우치려는 조각가의 몸부림/ 그가 죽어서도 보여주는 건/ 풀뿌리를 쥐고서라도 놓지 않으려는 지구에 대한 큰 사랑이었습니다
>
> 「풀뿌리 사랑으로」 전문

지구가 몸살을 앓고 신음하고 있는 현실을 매우 실감나게 전달하고 있습니다. 어느 것 하나 범상히 보고 있지 않습니다. 작지만 큰 울림으로 다가오고 있는 풀뿌리들의 함성들이 지구오염실태 상황을 향하여 경고합니다. 그러면서 풀뿌리의 질긴 의식으로 지구를 사랑하고자 하는 의식을 노정露呈시키고 있습니다. 그 소리에 귀기울여야 할 것입니다. 지구 사랑 실천이라는 거대한 사명감을 호소

하고 있는 시인의 감성적 시 문장에 마음 무거워지는 현실을 온몸으로 느끼면 지구사랑 실천이라는 덕목을 움켜쥐게끔 정신이 번쩍 드는 작품입니다.

> …/ 지구가 아프다는데/ 차례차례 멀어져가는 이별 앞에서 속수무책 아프다는데// 난, 사랑이 너무 깊어 울지도 못하고
>
> 「에코라이프 시작」 중에서

새날이 열리기를 기원하는 생활환경 실천을 불러일으키게 하고 있습니다. 아픈 지구를 바라보며 지구를 살려내게 하는 허파의 가동을 시작하지 않으면 안된다는 절실함을 읊고 있습니다. 맑은 등 하나 켜고 진솔한 파동음으로 새로운 날을 기대해 보고자 하는 시인의 염원에 우리는 실천으로 응답해야 할 것입니다.

> 아무도 몰래 파노라마를 펼쳐보면/ 허물이 숨겨놓은 비밀스런 기생목/ 겨울 추위에도/ 겨우겨우 호흡과 생명을 부지할 수 있음에/ 눈이 멀어// 어디 저것이 사람의 일인가// 천년의 세월을 펼쳤다 접었다/ 어루만지고 지나가는 바람이 키워온 높은 나뭇가지 위/ 푸른 향기의 반짝임/ 위태롭기까지 한 겨우살이의 접속은/ 떠난 시간의 아쉬운 선물인지// 가느다란 눈발은 나뭇가지를 적시고/ 고목에 멎는 바람소리를 귀로도 혀로도 느끼며/ 오래 붙들고 싶은 혼에게/ 푸른 순을 또 키우라 부탁한다
>
> 「겨우살이」 전문

이처럼 아주 작디작은 겨우살이가 나무에 기생하여 인간에게 유

익을 주기도 하는 약용식물로 잘 성장할 수 있는 지구 환경 회복에 주력해야 함을 역설적으로 말하고 있습니다. 산새들의 먹이가 된다고도 하는 겨우살이의 삶까지도 지구오염의 폐해를 입지 않도록 푸른 순을 잘 길러 줄 것을 바람과 햇살과 눈발에게까지도 부탁하여 잘 살아남을 수 있게 해달라는 시인의 염원은 이렇게 광폭적으로 넓혀져 있음을 알 수 있게 하는 작품입니다.

인간의 삶을 둘러싸고 있는 환경문제에 예민하지 않을 수 없는 것이 요즈음의 현실인 것을, 지구환경 변화에도 관심을 가져야 한다는 시인의 지적이 시의적절하다고 하겠습니다.

나라 글 사랑과 자부심

본 시집의 마지막 작품을 「한글이여 빛나라」라는 제목으로 대미를 장식하고 있습니다.

시인의 나라 말 사랑과 자부심을 매우 효율적이고 긍정적인 교육관으로 잘 구현한 수작입니다. 한글 사랑이 곧 나라 사랑이라는 것을 일깨워 주고 있습니다. 미처 생각하지 못한 듯 당연시 여기고 살아가고 있는 우리들에게 착각하면 안된다는 큰 울림을 강하면서도 부드럽고 논리적으로 잘 표현해서 들려줍니다. 그 울림은 크고도 넓게 번져가야 할 것입니다.

> 'ㄱ'으로 시작하는 한글 자모 세종내왕 이전에는 없었다/ 가장 아름다운 우리의 자랑 우리 글// 날개 단 나비처럼 벌처럼 자음

과 모음 짝지어 날아올라/ 누구를 위하여 종을 울릴까// 대륙과 대양과 원시림 사이를 넘으며/ 동서남북으로 뉴스는 신화가 아니다// 라이벌도 없어 로망스보다 더한 로맨틱 러브// 문자로 말할 수 있는 텍스트는 뜨겁다/ 문득/ 마음의 중심이 이끄는 대로 발화하는 꿈// 불꽃으로 살아나는 용기 불가능은 없다/ 백성을 가르치는 바른 소리 '훈민정음'은 부활의 연속이다// 사랑스러운 애인이여/ 소리와 시간과 음악으로 말하리/ 생명의 기운을 온 세상에 퍼뜨려 주소서// 아, 어떤 언어로도 더 이상의 신화를 짓지는 못하리라/ 우리의 혼 우리의 자랑 디지털문자로도 잘 어울리니 얼마나 좋은가/ 음성공학적 문자라서 얼마나 이상적인가// 자연에 대해 자유에 대해 존재에 대해/ 지상에 바치는 지혜로운 찬가// 착한 천사여, 위대한 한글을 보아라. 세계의 갈채 속에 2021년에는 치맥, 먹방, K-드라마 등 한국 말 스물여섯 단어 옥스퍼드 사전에 등재되었지 않은가/ 치장도 없이 춤추며 대박! 이제 우리 문화가 세계의 첨단이다// 키스로 화답하는 자음과 모음의 숨결 하늘 땅 사람 사이 조화로운 몫몫의 전율이야// 타임머신을 타고 올라 탐욕스런 세상을 어루만져도 좋아라// 평화는 세상의 염원/ 평화의 노래여 세상의 노래여 울려 퍼져라// 한글은 행복으로 가는 우리의 희망 우리의 보물 세상을 이끄는 힘/ 'ㅎ'으로 끝나는 한글 자모 참뜻 헤아려 다시 쓰고 말한다/ 햐, 활짝 피어라 한글이여 빛나라 한글이여

「한글이여 빛나라」 전문

나라 사랑의 마음을 한글, 우리 글 사랑의 마음으로 잘 표현하고 있습니다. 읽어 내리다 보면 전문 게재의 의의를 누구나 공감하실 것입니다. 평설을 쓰면서 어지간하면 중략하고 싶지만 전문 읽는

것이 커다란 공부임을 지각할 수 있었습니다. 그리하여 막상 한글을 위한 글 한 편 써 올리지 못한 자괴감이 들 정도로 주변을 돌아보게 만드십니다. 이제라도 그러한 자각을 가질 수 있도록 일깨워주심에 감사를 하게 됩니다. 광화문 네거리 세종대왕 동상 앞에 새겨두고 싶은 시 전문입니다.

살펴본 바와 같이, 김 시인은 도법자연道法自然의 원리를 말없이 구현하고 있습니다. 인간 역시 자연의 일부분입니다. 자연을 거스르면 하늘이 인간을 후려칩니다. 진정한 의미의 도를 구현하는 것은 자연의 이치를 본받고 따르는 것임을 작품의 주된 메시지로 담아 놓고 있습니다. 코로나19로 인한 인류적 재앙 앞에서 자연의 순환구조는 인간 세상에 마치 아무 일 없다는 듯이 운행하고 있습니다. 인간은 움츠러들 수밖에 없지만 세상사 이치는 의연하기만 합니다.

시인의 시어는 비유와 은유적 어우러짐으로 심상에 아롱지며 맺혀 증폭되고 있습니다. 또한 모순적 기법으로 두 개의 개념이나 명제命題 사이에 의미 내용이 서로 상반되는 관계 설정을 효율적으로 잘하여 극명하게 대비되고 있음도 여러 작품에서 발견할 수 있었습니다. 그릇은 깨어져야만 또 다른 형태의 그릇을 빚어낼 수 있는 이치와도 같은 원리입니다. 그것은 드러나는 한 면만 보아서는 절대로 보이지 않는다는 것을 여러 작품 세계에서 장치를 하여 감추어 놓았지만 눈 밝은 독자들은 감지할 수도 있었습니다.

어떤 의미에서건 시의 언어는 공감을 불러일으켜야만 합니다. 실제 우리의 실생활에서 공감이 얼마나 중요한 소통방식이며 위로인지 충분히 인식할 수 있었습니다. 말하고자 하는 뜻에 끄덕이며 도달할 수 있었기에 메시지 전달이 아주 효과적으로 잘 되었다는 의미입니다.

공감이라는 것은 감동으로 마음에 와닿는 것을 말합니다. 공감을 불러일으키는 글감, 소재의 선택과 활용으로 작품 주제를 선명하게 극대화할 수 있었던 시인의 역량을 높게 평가합니다.

시를 창작한다는 것은 감성적 묘사를 비롯한 시적 형상화 작업을 거쳐 정신적 산물로 완성돼 따뜻한 화자의 온기溫氣있는 심정이 확장된 형태로 구현되어 감정을 증폭시키고 있었습니다. 시간이 켜켜이 쌓이고 쌓일수록 깊고도 깊은 아련함으로 저며 와 모든 사람들의 근원적 정서로 자리매김하게 하는 솜씨의 휘놀림에 감탄을 자아내게도 하였습니다.

시인의 촉수는 국제화 시대, 코로나 팬데믹 시대, 지구환경 생태계 변화의 시대 등 온갖 생물체 변화에도 관심의 폭을 넓혀왔음을 볼 수 있었습니다. 작품 세계관의 지평이 그만큼 넓다는 것을 인식할 수 있습니다.

시적 진술과 일상적 진술이 직조되어 있음을 볼 수 있었습니다. 결국 자신의 삶의 뿌리를 찾고 물 주고 가꾸어나가다 보면 언젠가 꽃을 피워 올릴 것이란 자기 삶의 주인으로서의 자각을 읽어 내게 하고 있었습니다. 시적 표현과 형상 밖의 더 많은 사연과 수많은 이야기들을 함축적으로 표현해 내고 있는 시인의 감성 능력에 경의를 표합니다.

『흰 공작새 무희가 되다』라는 표제작에서, 공작새가 인간 예술의 최정점인 무희로 재탄생되어 의미망을 확충시켜 주었듯이 황홀한 사랑의 미래를 또 꿈꾸어 보는 김 시인의 다음 작품집 상재上梓하실 날을 기쁘게 기다립니다. 시인의 섬세한 결이 작품 곳곳에 발현發現되고 있음을 지켜보는 기쁨이 작품을 읽고 평설하는 청복淸福이었음에 감사드립니다.